OKO SVIJETA U 100 ZDJELA ZA RIŽU

Kušajte svjetsku raznolikost, jednu po zdjelu, uz nadahnute recepte iz svakog kutka svijeta

Mila Juriša

Materijal autorskih prava ©2024

Sva prava pridržana

Nijedan dio ove knjige ne smije se koristiti ili prenositi u bilo kojem obliku ili na bilo koji način bez odgovarajućeg pisanog pristanka izdavača i vlasnika autorskih prava, osim kratkih citata korištenih u recenziji. Ovu knjigu ne treba smatrati zamjenom za medicinske, pravne ili druge stručne savjete.

SADRŽAJ

SADRŽAJ 3
UVOD 6
JAPANSKE ZDJELICE ZA RIŽU 7
   1. ZDJELA RIŽE U TEMPURI S GLJIVAMA 8
   2. ZDJELA RIŽE OD TIKVICA I MARINIRANOG KRASTAVCA 10
   3. GOVEĐI ODREZAK DONBURI ZDJELA 12
   4. IKURA DON ZDJELA 14
   5. ZDJELA ZA JAPANSKE SVINJSKE KOTLETE 16
   6. JAPANSKA ZDJELA RIŽE S MLADIM LUKOM 18
   7. KRASTAVAC SUNOMONO 20
   8. TOFU HIYAYAKKO 22
   9. ZDJELA KAŠE ZA JAPANSKI DORUČAK 24
  10. TATAKI ROLICE OD JAPANSKE GOVEDINE 26
  11. PALAČINKE DORAYAKI 28
  12. TAMAGOYAKI SCRAMBLE 30
  13. PILEĆI RAMEN 32
  14. ZDJELA ZA KAJGANU I RIŽU 34
  15. JAPANSKA TONKUTSU ZDJELA RIŽE 36
  16. JAPANSKA ZDJELA RIŽE OD VLASCA I SEZAMA 38
  17. JAPANSKA GOVEĐA RIŽA ZDJELA 40
  18. JAPANSKA ZDJELA ZA SASHIMI 42
  19. JAPANSKA SVINJSKA ZDJELA NA ŽARU 44
  20. JAPANSKA POSUDA ZA RIŽU OD GOVEĐEG LUKA 46
  21. ZDJELA ZA JAPANSKE KOZICE 48
  22. BENTO OD JAPANSKOG LUKA I GOVEĐE RIŽE 50
KINESKE ZDJELICE ZA RIŽU 52
  23. KINESKA PILEĆA PRŽENA RIŽA 53
  24. ZAČINJENA ZDJELA S POVRĆEM 55
  25. ZDJELA ZA KINESKU MLJEVENU PURETINU 57
  26. RECEPT ZA ZDJELICE RIŽE OD MLJEVENE GOVEDINE 59
  27. ZDJELA ZA HRSKAVU RIŽU 61
  28. ZDJELA LJEPLJIVE RIŽE 63
  29. HOISIN GOVEĐA ZDJELA 65
  30. ZDJELA ZA RIŽU OD SVINJETINE I ĐUMBIRA 67
  31. RECEPT ZA VEGANSKU ZDJELU S UMAKOM OD SEZAMA ...69
  32. ČILI PILEĆA RIŽA ZDJELA 71
  33. TOFU BUDDHA ZDJELA 73
  34. DAN ZDJELA RIŽE 75
  35. ZDJELA RIŽE S MLJEVENOM PILETINOM 77
  36. ZDJELA ZA REZANCE S LIMUNOM 79
  37. ZDJELA RIŽE S PILETINOM OD ČEŠNJAKA I SOJE 81

KOREJSKE ZDJELICE ZA RIŽU 83
38. Korejska zdjela riže s ribom na žaru 84
39. Korean St 1 posuda za rižu 86
40. Korejska zdjela riže za sashimi 88
41. Korejske zdjelice riže za sushi 90
42. Korejska pileća zdjela riže 92
43. za korejske goveđe kobasice 94
44. Donburi zdjela za korejske škampe 96
45. Korejska zdjela riže od cvjetače 98
46. Korejska pileća zdjela za roštilj 100
47. zdjela s rižom od govedine 102

VIJETNAMSKE ZDJELICE ZA RIŽU 104
48. Banh Mi zdjela riže 105
49. Govedina i hrskava riža 107
50. Zdjela s piletinom i sirarcha rižom 109
51. Zdjela s goveđim rezancima s limunskom travom 111
52. Zdjela s glaziranom piletinom i rižom 113
53. Recept za vermicelli od kozica s češnjakom 115
54. Zdjela s pilećim okruglicama i rezancima 117
55. zdjela riŽf 119
56. Začinjena goveđa riža zdjela 121
57. Zdjela s karameliziranom piletinom 123

INDIJSKE ZDJELICE ZA RIŽU 125
58. Pileća tikka zdjela riže 126
59. Zdjela smeđe riže s karijem 128
60. Zdjela riže sa sirom 130
61. Indijska zdjela riže s curryjem od ovčetine 132
62. Indijska kremasta zdjela za curry 134
63. Indijska zdjela riže s limunom 136
64. Indijska Buddha zdjela od cvjetače 138
65. Indijska zdjela od leće na žaru 140
66. Indijska pileća zdjela riže 142
67. Indijska zdjela crvene riže 144
68. Kokos goveđa riža zdjela 146
69. Tandoori zdjela za piletinu 148
70. Paner od kurkume i zdjela riže 150
71. Zdjela za paneer curry 152
72. Chaat zdjela od slanutka 154

TAJLANDSKE ZDJELICE ZA RIŽU 156
73. Losos Buddha zdjela 157
74. zdjela smeđe riže 159
75. Zdjelice s kozicama od kikirikija 161
76. Zdjela za govedinu s bosiljkom 163

77. Zdjela od kokosa 165
78. Tuna Power Bowl 167
79. Zdjela za rezance s mangom 169
80. Zdjela s rezancima od kikirikija i tikvica 171
81. Začinjena zdjela za škampe 173
82. Zdjela riže s curryjem 175
83. Zdjela za svinjsku rižu 177
84. Buddha zdjela od slatkog krumpira 179
85. zdjela s piletinom 181
86. Piletina i kukuruz Stir-Fry 183

ZDJELICE ZA SUSHI 185
87. Dekonstruirana kalifornijska zdjela za sushi 186
88. Dekonstruirana zdjela za sushi od začinjene tune 188
89. Dekonstruirana zdjela za sushi Dragon Roll 190
90. Dekonstruirana zdjela za sushi od začinjenog lososa 192
91. Dekonstruirana Rainbow Roll zdjela za sushi 194
92. Dekonstruirana tempura zdjela za sushi od škampi 196
93. zdjela za sushi od tunjevine i rotkvica 198
94. Zdjela za sushi od dimljenog lososa i šparoga 200
95. Dekonstruirana Philly Roll zdjela za sushi 202
96. Dekonstruirana Dynamite Roll zdjela za sushi 204
97. Dekonstruirana posuda za sushi od vege rolica 206
98. Chirashi od dimljene skuše 208
99. Oyakodo (losos i ikra lososa) 210
100. Začinjena zdjela za sushi od jastoga 212

ZAKLJUČAK 214

UVOD

Dobrodošli na "Put oko svijeta u 100 zdjelica riže", kulinarsko putovanje koje obećava da će očarati vaše nepce i odvesti vas na egzotična odredišta kroz čaroliju hrane. Riža, osnovni sastojak u kojem uživaju kulture diljem svijeta, služi kao temelj za niz ukusnih jela koja odražavaju različite okuse i tradiciju različitih zemalja.

U ovoj ćete se knjizi upustiti u aromatičnu avanturu koja slavi bogatu tapiseriju globalne kuhinje, jednu po jednu zdjelu riže. Od užurbanih ulica Tokija do živahnih tržnica Marrakecha, svaki je recept nadahnut jedinstvenim kulinarskim naslijeđem svoje regije, nudeći uvid u kulturne tradicije i kulinarske tehnike koje definiraju svaku destinaciju.

Pripremite se da krenete na kulinarsko putovanje kao nijedno drugo dok istražujete živopisne okuse Azije, odvažne začine Bliskog istoka, utješne klasike Europe i vatrene favorite Latinske Amerike. Bez obzira žudite li za utješnom zdjelicom rižota, začinjenim tajlandskim curryjem ili mirisnim biryanijem, "Put oko svijeta u 100 zdjelica riže" ima za svakoga ponešto1.

Pridružite nam se dok putujemo svijetom kroz univerzalni jezik hrane, slaveći raznolikost okusa, sastojaka i stilova kuhanja koji svaku kuhinju čine jedinstvenom. S receptima koje je lako slijediti, korisnim savjetima i zadivljujućom fotografijom koja bilježi srž svakog jela, ova je knjiga vaša putovnica za kulinarsku avanturu.

Stoga zgrabite svoje štapiće, vilicu ili žlicu i spremite se da krenete na putovanje okusa koje će proširiti vaše nepce i nadahnuti vašu kulinarsku kreativnost. Od poznate udobnosti doma do egzotičnih okusa dalekih zemalja, "Put oko svijeta u 100 zdjelica riže" poziva vas da kušate svjetsku raznolikost, jednu po jednu zdjelu.

JAPANSKE ZDJELICE ZA RIŽU

1.Zdjela riže u tempuri s gljivama

SASTOJCI:
- 1 funta smrznute tempure od gljiva
- 2 šalice smeđe riže
- 1 šalica ulja za kuhanje
- 1 šalica tempura umaka
- 2 šalice vode
- Posolite po ukusu
- Crni papar po ukusu

UPUTE:
1. Uzmite posudu za umak.
2. Dodajte vodu u tavu.
3. Dodajte smeđu rižu i dobro kuhajte desetak minuta.
4. Zagrijte tavu.
5. Dodajte ulje u tavu.
6. Smrznutu tempuru kuhajte dok ne porumeni.
7. Izbaciti kad d1.
8. Dodajte smeđu rižu u zdjelu.
9. Dodajte pripremljenu tempuru i tempura umak na vrh.
10. Vaše jelo je spremno za posluživanje.

2.Zdjela riže od tikvica i mariniranog krastavca

SASTOJCI:
- 1 šalica kuhanih komadića tikvica
- 1 sjeckani marinirani krastavac
- 2 šalice smeđe riže
- 1 šalica ljutog umaka od majoneze
- 1 šalica krastavca
- 2 žlice ukiseljenog đumbira
- 1 žlica rižinog octa
- 1 žlica sjemenki sezama
- 2 šalice vode
- Posolite po ukusu
- Crni papar po ukusu
- 2 žlice soja umaka
- 1 žličica protisnutog češnjaka

UPUTE:
1. Uzmite posudu za umak.
2. Dodajte vodu u tavu.
3. Dodajte smeđu rižu i dobro kuhajte desetak minuta.
4. Ostatak sastojaka dodajte u zdjelu.
5. Dobro izmiješajte sastojke.
6. Dodajte smeđu rižu u zdjelu.
7. Dodajte povrće na vrh.
8. Odozgo prelijte pripremljenim umakom.
9. Vaše jelo je spremno za posluživanje.

3. Goveđi odrezak Donburi zdjela

SASTOJCI:
- 2 žličice rižinog vina
- 1 čajna žličica šećera
- 1/4 žličice mirin paste
- Crni papar
- Sol
- 1 žlica nasjeckanog đumbira
- 1 žlica svijetlog soja umaka
- 1/2 šalice sitno nasjeckanog mladog luka
- 2 žličice sezamovog ulja
- 4 žličice tamnog soja umaka
- 2 šalice komada goveđeg odreska
- 2 šalice riže
- 2 šalice vode

UPUTE:
1. Uzmite veliku tavu.
2. Zagrijte ulje u tavi i dodajte komade goveđeg odreska.
3. Kuhajte dok ne postanu hrskavi i zlatno smeđe boje.
4. Dodajte nasjeckani đumbir u tavu.
5. Dodajte rižino vino u tavu.
6. Smjesu dobro kuhajte desetak minuta dok se ne zapeku.
7. Dodajte šećer u prahu, mirin pastu, tamni sojin umak, umak od ostriga, svijetli sojin umak, crni papar i sol u tavu.
8. Dobro kuhajte sastojke oko petnaest minuta.
9. Uzmite posudu za umak.
10. Dodajte vodu u tavu.
11. Dodajte rižu i dobro kuhajte desetak minuta.
12. Dodajte rižu u zdjelice.
13. Na vrh dodajte kuhanu smjesu.
14. Vaše jelo je spremno za posluživanje.

4.Ikura Don zdjela

SASTOJCI:
- 1 šalica edamamea
- 1 nasjeckana mrkva
- 2 šalice riže
- 2 šalice narezanog avokada
- 1 šalica ljutog sriracha umaka
- 1 šalica krastavca
- 2 žlice mirina
- 1 šalica ikura don
- 2 žlice đumbira
- 1 šalica nasjeckanih nori listića
- 1 žlica rižinog octa
- 2 šalice vode
- Posolite po ukusu
- Crni papar po ukusu
- 2 žlice svijetlog soja umaka
- 2 žlice tamnog soja umaka
- 1 žličica protisnutog češnjaka

UPUTE:
1. Uzmite posudu za umak.
2. Dodajte vodu u tavu.
3. Dodajte rižu i dobro kuhajte desetak minuta.
4. Ostatak sastojaka dodajte u zdjelu.
5. Dobro izmiješajte sastojke.
6. Dodajte smeđu rižu u zdjelu.
7. Dodajte povrće i ikuru na vrh.
8. Odozgo prelijte pripremljenim umakom.
9. Vaše jelo je spremno za posluživanje.

5. Zdjela za japanske svinjske kotlete

SASTOJCI:
- 2 šalice riže
- 1 šalica wasabija
- 1 žlica japanskih začina
- 1 žlica sjemenki sezama
- 1 šalica mljevene svinjetine
- 2 žlice kukuruznog škroba
- 1/2 šalice krušnih mrvica
- 2 šalice vode
- Posolite po ukusu
- Crni papar po ukusu
- 1 šalica ulja za kuhanje
- 1 žlica soja umaka

UPUTE:
1. Uzmite posudu za umak.
2. Dodajte vodu u tavu.
3. Dodajte rižu i dobro kuhajte desetak minuta.
4. Uzmite zdjelu.
5. U to dodajte japanske začine, svinjetinu i kukuruzni škrob.
6. Dobro izmiješajte i oblikujte 2 velika kotleta.
7. Premažite ga krušnim mrvicama.
8. Prodinstajte kotlete desetak minuta.
9. Dobro izmiješajte sastojke.
10. Dodajte smeđu rižu u zdjelu.
11. Dodajte kotlete na rižu.
12. Na vrh dodajte ostale sastojke.
13. Vaše jelo je spremno za posluživanje.

6.Japanska zdjela riže s mladim lukom

SASTOJCI:
- 2 šalice narezanog mladog luka
- 1 žlica mirina
- 2 šalice smeđe riže
- 2 žlice Worcestershire umaka
- 1 žlica ulja za kuhanje
- 1 šalica tahini umaka
- 2 šalice vode
- Posolite po ukusu
- Crni papar po ukusu
- 2 žlice soja umaka
- 1 žličica šećera
- 1 žličica protisnutog češnjaka

UPUTE:
1. Uzmite posudu za umak.
2. Dodajte vodu u tavu.
3. Dodajte smeđu rižu i dobro kuhajte desetak minuta.
4. Ostatak suhih sastojaka dodajte u zdjelu.
5. Dobro izmiješajte sastojke.
6. Zagrijte tavu.
7. Dodajte mladi luk na tavu.
8. Mladi luk dobro skuhajte.
9. Izbaciti kad d1.
10. Dodajte smeđu rižu u zdjelu.
11. Dodajte mladi luk na vrh.
12. Vaše jelo je spremno za posluživanje.

7.Krastavac Sunomono

SASTOJCI:

- 1 žličica soli
- 1 ½ žličice korijena đumbira
- ⅓ šalice rižinog octa
- 4 žličice bijelog šećera
- 2 velika krastavca, oguljena

UPUTE:
1. Krastavce treba uzdužno prepoloviti na 1/2, a sve veće sjemenke izdubiti.
2. Izrežite na vrlo male komadiće poprečno.
3. Pomiješajte ocat, škrob, sol i začine u plitkoj šalici. Dobro promiješajte.
4. Stavite krastavce u šalicu i vrtite kako bi ih ravnomjerno prekrili otopinom.
5. Prije jela, jelo s krastavcima ohladite najmanje 1 sat.

8.Tofu Hiyayakko

SASTOJCI:
- 1 prstohvat strugotine palamide
- 1 prstohvat prženih sjemenki sezama
- 1 ½ čajna žličica svježeg korijena đumbira
- ¼ žličice zelenog luka
- 1 žlica soja umaka
- ½ žličice vode
- ¼ (12 unci) pakiranja svilenog tofua
- ½ žličice dashi granula
- 1 žličica bijelog šećera

UPUTE:
1. U plitkoj zdjeli pomiješajte šećer, granule dashija, sojin umak i vodu kada se šećer otopi.
2. Na manju posudu stavite tofu i prekrijte ga zelenim lukom, đumbirom i zrncima palamide.
3. Po vrhu pospite sojinu kombinaciju i pospite sezamom.

9.Zdjela kaše za japanski doručak

SASTOJCI:
- 20g čvrste
- Voda za željenu konzistenciju
- 1 žlica prehrambenog kvasca
- ¼ malog avokada
- 20 g okrugle smeđe riže (suhe)
- 1 list nori, nasjeckan
- 1 žličica miso paste
- ½ šalice nasjeckanog poriluka
- 20 g zobenih zobi

GARNIRATI
- sezam
- Paprika u prahu

UPUTE:
1. Započnite ocjeđivanjem smeđe riže. Operite i očistite.
2. Ujutro prije pripreme kaše u plitku posudu stavite zobene pahuljice, a zatim dodajte samo toliko vruće vode da ih napunite. Samo stavite sa strane.
3. Nori papire možete trgati dlanovima ili ih rezati noževima.
4. Zatim kuhajte namočenu rižu i narezani poriluk u tavi s vodom sobne temperature dok riža ne bude gotova, desetak minuta.
5. Isključite grijanje. Zatim umiješajte natopljenu zobenu pahuljicu i dodajte odgovarajuću kipuću vodu.
6. Zatim pomiješajte malo tekućine s miso pastom i dodajte poderani nori papir i prehrambeni kvasac u smjesu.
7. Opet po potrebi dodajte malo vode.

10.Tataki rolice od japanske govedine

SASTOJCI:
- 2 žličice sezamovih sjemenki
- Velika hrpa cilantra
- 1 zelena
- 2 crvena čilija
- ¼ napa kupusa
- 1 mrkva
- 1 lb. goveđi file
- 1 žlica sezamovog ulja
- 1 žličica šećera
- 4 žlice soja umaka
- 1 žlica neutralnog ulja

UPUTE:
1. Zagrijte tavu s neprijanjajućim premazom ili tavu od željeznog lima na srednjoj temperaturi dok ne postane vruća.
2. Pecite goveđi file 40 sekundi s obje strane nakon što ste ga namazali neutralnim sprejom.
3. U maloj šalici pomiješajte sezamovo ulje, sojin umak, glukozu i miksajte dok se šećer ne rastopi.
4. 2 žlice začina prebacite na meso i utrljajte ga.
5. Preostali preljev sačuvajte za taj dan.
6. Ostavite meso u frižideru najmanje sat vremena nakon što ga omotate ljepljivom trakom.
7. Tanko narežite napa zelenu salatu, kupus, mladi luk i crveni čili.
8. Narežite govedinu na sitno i stavite dio svakog povrća u sredinu.
9. Pospite malo premaza na svaku roladu prije nego je lagano zarolate.
10. Poslužite vruće sa sjemenkama sezama.

11. Palačinke Dorayaki

SASTOJCI:
- Biljno ulje
- ½ šalice paste od crvenog graha
- 2 žlice mirina ili javorovog sirupa
- ¼ žličice soja umaka
- ½ šalice prosijanog brašna za kolače
- 2 žličice praška za pecivo
- ⅓ šalice sojinog mlijeka
- 2 žlice šećera u prahu

UPUTE:
1. U velikoj šalici pomiješajte brašno, šećer u prahu i kukuruzni škrob.
2. Dodajte javorov sirup, sojino mlijeko i sojin umak u neko drugo jelo.
3. Da biste dobili ukusnu smjesu, ubacite suhu smjesu u mokru 1 i promiješajte.
4. Nije zamišljeno da bude toliko gusto, ali ovo bi trebalo biti dovoljno malo da se samo izlije. Neka sve odstoji desetak minuta.
5. U neprianjajuću tavu ili lonac ulijte tu malu količinu ulja i zagrijte na umjerenoj vatri.
6. Da biste ravnomjerno rasporedili ulje, koristite ručnik. Želite samo da najmanja količina pomogne zasjeniti palačinke, ali ne i prianjati na njih.
7. Smanjite vatru na srednju i stavite oko 2 žlice tijesta u najprikladniji okrugli dio koji možete pronaći na neprianjajućem tanjuru.
8. Trebate da svi budu približno isti broj.
9. Oko 2 minute zagrijavajte iz prve ruke, na rubu bi se mogli pojaviti mjehurići, a stranice će se vrlo lako ispeći.
10. Još oko 1 minutu, okrenite i zagrijavajte drugu ruku.
11. Ostavite svoje kolače da se ohlade nekoliko minuta, a zatim u svaki od njih dodajte malo Anka, paste od graha.
12. Da biste napravili Dorayaki, prekrijte ga kroasanom i složite sve zajedno.
13. Poslužite s kuglicom šećera u prahu ili krem sira ili jagodama narezanim na kockice s bademima.

12.Tamagoyaki Scramble

SASTOJCI:
- ¼ žličice crne soli
- papar po ukusu
- 2 žličice šećera (10 g)
- ⅛ žličice praška za pecivo
- ½ žličice kombu dashija
- 2 žličice mirina (10 g)
- 1 list yuba
- 3 žlice tekućine po izboru
- 1 žličica soja umaka
- ¼ šalice svilenog tofua (60 g)
- Ukrasiti
- mladi luk
- sezam
- Kizami nori
- Umak od soje
- Neobavezno
- 1 žlica veganske kewpie majoneze
- Prstohvat kurkume
- 2 žličice prehrambenog kvasca (8 g)

UPUTE:
1. Vlažite u toploj vodi 3-5 minuta, osušite yubu.
2. Iscjepajte yubu na manje dijelove, otprilike veličine šake.
3. Temeljito pomiješajte sojino mlijeko, svileni tofu, mirin, sojin umak, rižu, dashi, šećer i prašak za pecivo.
4. Ovo će biti smjesa od jaja, koja se također promiješa.
5. Na srednje jakoj vatri zagrijte zdjelu i dodajte ulja ili vegetarijanski maslac.
6. Dodajte svilenkasti tofu i stavite yuba stvari na vrh. Prije rukovanja ostavite da kuha oko 2 minute.
7. Koristite žlice ili lopaticu sve dok stranice ne počnu izgledati pržene, a zatim natjerajte strane u sredinu.
8. Smanjite vatru i pirjajte još trideset sekundi, pomičući smjesu jaja do prave teksture svakih nekoliko minuta.
9. Vrhovima prstiju istisnite crnu sol na rubu.
10. Izvadite iz pećnice i jedite sa strane ili preko tjestenine.

13.Pileći ramen

SASTOJCI:
- 2 (3 oz.) pakiranja ramen rezanaca
- Svježi jalapeño kriške
- 2 velika jaja
- ½ šalice mladog luka
- 2 pileća prsa
- 1 oz. shitake gljive
- 1-2 žličice morske soli, po ukusu
- Košer soli
- 2 žlice mirina
- 4 šalice bogatog pilećeg temeljca
- Crni papar
- 3 žličice svježeg češnjaka
- 3 žlice soja umaka
- 2 žličice sezamovog ulja
- 2 žličice svježeg đumbira
- 1 žlica neslanog maslaca

UPUTE:
1. Zagrijte pećnicu na 375 stupnjeva Fahrenheita.
2. Piletinu posolite i popaprite.
3. U velikoj posudi za pećnicu zagrijte ulje na srednje jakoj vatri.
4. Skuhajte piletinu s prerezanom stranom.
5. Pecite dvadesetak minuta u pećnici s tepsijom.
6. U veliki lonac dodajte ulje na umjerenoj vatri dok ne zasja.
7. Zakuhajte temeljac poklopljeno prije dodavanja suhih gljiva.
8. Za meko kuhane bjelanjke prvo skuhajte jaja u slanoj vodi.
9. U međuvremenu narežite mladi luk i jalapeno.
10. Zatim oštrim nožem narežite piletinu na tanke ploške.
11. Kuhajte 3 minute, samo dok rezanci ne omekšaju, a zatim ih podijelite u 2 velike zdjele.
12. Pomiješajte izrezanu piletinu i juhu od ramena u velikoj zdjeli za miješanje.
13. Mali zeleni luk, jalapeno i meko kuhano jaje idu na rub. Poslužite odmah.

14.zdjela za kajganu i rižu

SASTOJCI:
- 4 jaja
- 1 žlica mirina
- 2 šalice smeđe riže
- 2 žlice Worcestershire umaka
- 1 žlica ulja za kuhanje
- 1 šalica tahini umaka
- 2 šalice vode
- Posolite po ukusu
- Crni papar po ukusu
- 2 žlice soja umaka
- 1 žličica šećera
- 1 žličica protisnutog češnjaka

UPUTE:
1. Uzmite posudu za umak.
2. Dodajte vodu u tavu.
3. Dodajte smeđu rižu i dobro kuhajte desetak minuta.
4. Ostatak sastojaka dodajte u zdjelu.
5. Dobro izmiješajte sastojke.
6. Zagrijte tavu.
7. Dodajte smjesu jaja i ulja na tavu za prženje.
8. Jaje dobro skuhati.
9. Izmiješajte smjesu i kuhajte pet do sedam minuta.
10. Posudu izvadite kada d1.
11. Dodajte smeđu rižu u zdjelu.
12. Na vrh dodajte umućeno jaje.
13. Vaše jelo je spremno za posluživanje.

15. Japanska Tonkutsu zdjela riže

SASTOJCI:
- 2 šalice tonkatsua (svinjetina)
- 2 žlice pet japanskih začina
- 1 žličica crvene čili papričice
- Prstohvat crnog papra
- Prstohvat soli
- 1 jaje
- Nekoliko kapi vode
- 2 šalice višenamjenskog brašna
- Ulje za kuhanje
- 1 šalica tonkatsu umaka
- 1 šalica smeđe riže
- 2 šalice vode

UPUTE:
1. Uzmite veliku zdjelu.
2. Dodajte jaje i vodu u to.
3. Dobro umutiti jaja.
4. U smjesu dodajte višenamjensko brašno.
5. Sada dodajte sve ostale sastojke 1 po 1 osim ulja za kuhanje.
6. Dobro izmiješajte tijesto.
7. Uzmite veliku tavu.
8. Zagrijte ulje i ispecite tijesto.
9. Izvadite sastojke.
10. Uzmite posudu za umak.
11. Dodajte vodu u tavu.
12. Dodajte smeđu rižu i dobro kuhajte desetak minuta.
13. Dodajte smeđu rižu u zdjelu.
14. Dodajte tonkotsu i umak na vrh.
15. Vaše jelo je spremno za posluživanje.

16. Japanska zdjela riže od vlasca i sezama

SASTOJCI:
- 2 šalice smeđe riže
- 1 šalica nasjeckanog vlasca
- 2 žlice ukiseljenog đumbira
- 1 žlica sjemenki sezama
- 2 šalice vode
- Posolite po ukusu
- Crni papar po ukusu
- 2 žlice soja umaka
- 1 čajna žličica h1y
- 1 žličica protisnutog češnjaka

UPUTE:
1. Uzmite posudu za umak.
2. Dodajte vodu u tavu.
3. Dodajte smeđu rižu i dobro kuhajte desetak minuta.
4. Uzmite malu zdjelicu.
5. Dodajte ostale sastojke u zdjelu.
6. Dobro izmiješajte sastojke.
7. Dodajte smeđu rižu u zdjelu.
8. Odozgo prelijte pripremljenim umakom.
9. Vaše jelo je spremno za posluživanje.

17. Japanska goveđa riža zdjela

SASTOJCI:
- 1 funta goveđih trakica
- 1 žlica mirina
- 2 šalice smeđe riže
- 2 žlice Worcestershire umaka
- 1 žlica ulja za kuhanje
- 2 šalice vode
- Posolite po ukusu
- Crni papar po ukusu
- 2 žlice soja umaka
- 1 žličica šećera
- 1 žličica protisnutog češnjaka

UPUTE:
1. Uzmite posudu za umak.
2. Dodajte vodu u tavu.
3. Dodajte smeđu rižu i dobro kuhajte desetak minuta.
4. Ostatak sastojaka dodajte u zdjelu.
5. Dobro izmiješajte sastojke.
6. Zagrijte tavu.
7. Dodajte goveđe trake i ulje na tavu.
8. Dobro skuhajte goveđe trake.
9. Izbaciti kad d1.
10. Dodajte smeđu rižu u zdjelu.
11. Dodajte smjesu govedine na vrh.
12. Vaše jelo je spremno za posluživanje.

18. Japanska zdjela za sashimi

SASTOJCI:
- 2 šalice riže
- 1 šalica wasabija
- 1 žlica nasjeckanih nori listića
- 1 žlica lišća shisa
- 1 žlica ikre lososa
- 2 šalice vode
- Posolite po ukusu
- Crni papar po ukusu
- 1 šalica sashimija
- 1 žlica soja umaka

UPUTE:
1. Uzmite posudu za umak.
2. Dodajte vodu u tavu.
3. Dodajte rižu i dobro kuhajte desetak minuta.
4. Stavite komade sashimija u mikrovalnu oko deset minuta.
5. Dobro izmiješajte sastojke.
6. Dodajte smeđu rižu u zdjelu.
7. Dodajte sashimi na vrh.
8. Na vrh dodajte ostale sastojke.
9. Vaše jelo je spremno za posluživanje.

19. Japanska svinjska zdjela na žaru

SASTOJCI:
- 1 funta svinjskih trakica
- 1 žlica mirina
- 2 šalice smeđe riže
- 2 žlice Worcestershire umaka
- 1 žlica ulja za kuhanje
- 2 šalice vode
- Posolite po ukusu
- Crni papar po ukusu
- 2 žlice soja umaka
- 1 žličica šećera
- 1 žličica protisnutog češnjaka

UPUTE:
1. Uzmite posudu za umak.
2. Dodajte vodu u tavu.
3. Dodajte smeđu rižu i dobro kuhajte desetak minuta.
4. Ostatak suhih sastojaka dodajte u zdjelu.
5. Dobro izmiješajte sastojke.
6. Zagrijte grill tavu.
7. Dodajte svinjske trakice na grill tavu.
8. Lipke dobro ispecite s obje strane.
9. Izbaciti kad d1.
10. Dodajte smeđu rižu u zdjelu.
11. Na vrh dodajte svinjske trakice.
12. Vaše jelo je spremno za posluživanje.

20. Japanska posuda za rižu od goveđeg luka

SASTOJCI:
- 1 funta goveđih trakica
- 1 žlica mirina
- 1 šalica narezanog mladog luka
- 2 šalice smeđe riže
- 2 žlice Worcestershire umaka
- 1 žlica ulja za kuhanje
- 2 šalice vode
- Posolite po ukusu
- Crni papar po ukusu
- 2 žlice soja umaka
- 1 žličica šećera
- 1 žličica protisnutog češnjaka

UPUTE:
1. Uzmite posudu za umak.
2. Dodajte vodu u tavu.
3. Dodajte smeđu rižu i dobro kuhajte desetak minuta.
4. Zagrijte tavu.
5. Dodajte mladi luk i ulje na tavu.
6. Mladi luk dobro skuhajte.
7. U tavu dodajte govedinu, češnjak i ostale sastojke.
8. Dobro kuhajte.
9. Izbaciti kad d1.
10. Dodajte smeđu rižu u zdjelu.
11. Na vrh dodajte smjesu govedine i mladog luka.
12. Vaše jelo je spremno za posluživanje.

21. Zdjela za japanske kozice

SASTOJCI:
- 1 šalica edamamea
- 1 nasjeckana mrkva
- 2 šalice riže
- 2 šalice narezanog avokada
- 1 šalica ljutog sriracha umaka
- 1 šalica krastavca
- 2 žlice mirina
- 1 šalica pečenih kozica
- 2 žlice đumbira
- 1 šalica nasjeckanih nori listića
- 1 žlica rižinog octa
- 2 šalice vode
- Posolite po ukusu
- Crni papar po ukusu
- 2 žlice svijetlog soja umaka
- 2 žlice tamnog soja umaka
- 1 žličica protisnutog češnjaka

UPUTE:
1. Uzmite posudu za umak.
2. Dodajte vodu u tavu.
3. Dodajte rižu i dobro kuhajte desetak minuta.
4. Ostatak sastojaka dodajte u zdjelu.
5. Dobro izmiješajte sastojke.
6. Dodajte smeđu rižu u zdjelu.
7. Dodajte povrće i kozice na vrh.
8. Odozgo prelijte pripremljenim umakom.
9. Vaše jelo je spremno za posluživanje.

22. Bento od japanskog luka i goveđe riže

SASTOJCI:
- 1 šalica goveđeg mljevenog mesa
- 1 šalica nasjeckanog luka
- 2 jaja
- 1 žlica mirina
- 2 šalice riže
- 2 žlice Worcestershire umaka
- 1 žlica ulja za kuhanje
- 2 šalice vode
- Posolite po ukusu
- Crni papar po ukusu
- 2 žlice soja umaka
- 1 žličica smeđeg šećera
- 1 žličica protisnutog češnjaka
- 1 žlica cilantra

UPUTE:
1. Uzmite posudu za umak.
2. Dodajte vodu u tavu.
3. Dodajte rižu i dobro kuhajte desetak minuta.
4. Zagrijte tavu.
5. Dodajte ulje u tavu.
6. Dodajte luk u tavu.
7. Dobro prokuhajte i dodajte češnjak u tavu.
8. Dodajte govedinu u tavu.
9. Kuhajte dok savršeno ne omekša.
10. Dodajte sve začine u tavu.
11. Skuhajte jaja u drugoj posudi.
12. Izmiksajte smjesu i izvadite je.
13. Dodajte rižu u zdjelu.
14. Dodajte goveđu smjesu u rižu.
15. Izlijte smjesu od jaja na vrh.
16. Ukrasite cilantrom na vrhu.
17. Vaše jelo je spremno za posluživanje.

KINESKE ZDJELICE ZA RIŽU

23.Kineska pileća pržena riža

SASTOJCI:
- 1 žlica ribljeg umaka
- 1 žlica soja umaka
- 1/2 žličice kineskog pet začina
- 2 žlice umaka od čilija i češnjaka
- 2 crvena čilija
- 1 veliki jalapeno
- 1/2 šalice narezanog mladog luka
- 1 žličica bijelog papra u zrnu
- 1 žličica svježeg đumbira
- 1/2 šalice svježeg lišća cilantra
- 1/4 listića svježeg bosiljka
- 1 šalica pileće juhe
- 1 žličica mljevene limunske trave
- 1 žličica nasjeckanog češnjaka
- 2 žlice sezamovog ulja
- 1 jaje
- 1/2 šalice piletine
- 2 šalice kuhane smeđe riže

UPUTE:
1. Uzmite wok.
2. Dodajte mljevenu limunsku travu, bijeli papar u zrnu, nasjeckani češnjak, pet kineskih začina, crveni čili, listove bosiljka i đumbir u wok.
3. Dodajte komade piletine u tavu.
4. Pržite komade piletine uz miješanje.
5. Dodajte pileću juhu i umake u smjesu za wok.
6. Jelo kuhajte desetak minuta.
7. Dodajte kuhanu smeđu rižu u smjesu.
8. Dobro izmiješajte rižu i kuhajte je pet minuta.
9. Sve zajedno izmiksati.
10. Dodajte cilantro u jelo.
11. Promiješajte rižu i pržite nekoliko minuta.
12. Dodajte rižu u zdjelice.
13. Ispecite jaja 1 po 1.
14. Na vrh zdjele stavite pečeno jaje.
15. Vaše jelo je spremno za posluživanje.

24. Začinjena zdjela s povrćem

SASTOJCI:
- 2 šalice smeđe riže
- 1 šalica sriracha umaka
- 1 šalica krastavca
- 2 žlice ukiseljene rotkvice
- 1 žlica sečuanskog papra
- 1 žlica rižinog octa
- 1 šalica crvenog kupusa
- 1 šalica klica
- 2 žlice prženog kikirikija
- 2 šalice vode
- Posolite po ukusu
- Crni papar po ukusu
- 2 žlice soja umaka
- 1 žličica protisnutog češnjaka

UPUTE:
1. Uzmite posudu za umak.
2. Dodajte vodu u tavu.
3. Dodajte smeđu rižu i dobro kuhajte desetak minuta.
4. Skuhajte povrće u tavi.
5. Dodajte sečuanski papar i ostatak začina i umak u tavu.
6. Dobro izmiješajte sastojke.
7. Izbaciti kad d1.
8. Dodajte smeđu rižu u zdjelu.
9. Dodajte povrće na vrh.
10. Vaše jelo je spremno za posluživanje.

25. Zdjela za kinesku mljevenu puretinu

SASTOJCI:
- 2 žličice rižinog vina
- 1 čajna žličica šećera
- 1/4 žličice sečuanskog papra
- 2 žličice nasjeckanog crvenog čilija
- Crni papar
- Sol
- 1 žlica nasjeckanog češnjaka
- 1 žlica umaka od kamenica
- 1 žlica svijetlog soja umaka
- 1/2 šalice sitno nasjeckanog mladog luka
- 2 žličice sezamovog ulja
- 4 žličice tamnog soja umaka
- 2 šalice mljevene puretine
- 2 šalice kuhane riže

UPUTE:
1. Uzmite veliku tavu.
2. Zagrijte ulje u tavi i dodajte puretinu u njega.
3. U tavu dodajte nasjeckani češnjak.
4. Dodajte rižino vino u tavu.
5. Smjesu dobro kuhajte desetak minuta dok se ne zapeku.
6. U tavu dodajte šećer, sečuanski papar, crvenu čili papričicu, tamni sojin umak, umak od kamenica, svijetli sojin umak, crni papar i sol.
7. Dobro kuhajte sastojke oko petnaest minuta.
8. Dodajte rižu u 2 zdjelice.
9. Na vrh dodajte smjesu kuhane puretine.
10. Vaše jelo je spremno za posluživanje.

26. Recept za zdjelice riže od mljevene govedine

SASTOJCI:
- 2 žličice rižinog vina
- 1 čajna žličica šećera
- 1/4 žličice sečuanskog papra
- 2 žličice nasjeckanog crvenog čilija
- Crni papar
- Sol
- 1 žlica nasjeckanog češnjaka
- 1 žlica umaka od kamenica
- 1 žlica svijetlog soja umaka
- 1/2 šalice sitno nasjeckanog mladog luka
- 2 žličice sezamovog ulja
- 4 žličice tamnog soja umaka
- 2 šalice mljevene govedine
- 2 šalice kuhane riže

UPUTE:
1. Uzmite veliku tavu.
2. Zagrijte ulje u tavi i dodajte govedinu u njega.
3. U tavu dodajte nasjeckani češnjak.
4. Dodajte rižino vino u tavu.
5. Smjesu dobro kuhajte desetak minuta dok se ne zapeku.
6. U tavu dodajte šećer, sečuanski papar, crvenu čili papričicu, tamni sojin umak, umak od kamenica, svijetli sojin umak, crni papar i sol.
7. Dobro kuhajte sastojke oko petnaest minuta.
8. Dodajte rižu u 2 zdjelice.
9. Dodajte smjesu kuhane govedine na vrh.
10. Vaše jelo je spremno za posluživanje.

27. Zdjela za hrskavu rižu

SASTOJCI:
- 2 šalice kuhane smeđe riže
- 1 šalica sriracha umaka
- 1 žlica tamarija
- 1 žlica rižinog octa
- Posolite po ukusu
- Crni papar po ukusu
- 2 žlice soja umaka
- 1 žličica protisnutog češnjaka
- 2 žlice ulja za kuhanje
- 1 šalica hrskavog rižinog preljeva

UPUTE:
1. Dodajte ulje u tavu.
2. U tavu dodati kuhanu rižu.
3. Dobro izmiješajte rižu.
4. Pustite da postane hrskavo.
5. Kuhati desetak minuta.
6. Uzmite malu zdjelicu.
7. Dodajte ostale sastojke u zdjelu.
8. Dobro izmiješajte sastojke.
9. Dodajte hrskavu rižu u zdjelu.
10. Odozgo prelijte pripremljenim umakom.
11. Vaše jelo je spremno za posluživanje.

28. zdjela ljepljive riže

SASTOJCI:
- 1 žlica umaka od kamenica
- 2 kineske čili papričice
- 1 šalica mladog luka
- 1/2 žlice soja umaka
- 2 žličice mljevenog češnjaka
- 3 žlice ulja za kuhanje
- 1/2 šalice ljutog umaka
- 2 šalice miješanog povrća
- Posolite po potrebi
- Nasjeckani svježi cilantro za ukrašavanje
- 1 šalica kobasice
- 1 šalica kuhane ljepljive riže

UPUTE:
1. Uzmite veliku tavu.
2. Dodajte ulje za kuhanje u tavu i zagrijte ga.
3. U tavu dodajte povrće i mladi luk i popržite ga uz miješanje.
4. Dodajte kobasice i dobro prokuhajte.
5. Dodajte nasjeckani češnjak u tavu.
6. U smjesu dodajte soja umak, riblji umak, kinesku čili papričicu, ljuti umak i ostale sastojke.
7. Kuhajte jelo desetak minuta.
8. Izvadite sastojke.
9. Dodajte ljepljivu rižu u zdjelice.
10. Na vrh dodati pripremljenu smjesu.
11. Ukrasite zdjelice nasjeckanim svježim listovima cilantra.
12. Vaše jelo je spremno za posluživanje.

29. Hoisin goveđa zdjela

SASTOJCI:
- 2 šalice smeđe riže
- 1 šalica hoisin umaka
- 1 žlica sečuanskog papra
- 1 žlica rižinog octa
- 2 šalice goveđih trakica
- 2 šalice vode
- Posolite po ukusu
- Crni papar po ukusu
- 2 žlice soja umaka
- 1 žličica protisnutog češnjaka

UPUTE:
1. Uzmite posudu za umak.
2. Dodajte vodu u tavu.
3. Dodajte smeđu rižu i dobro kuhajte desetak minuta.
4. Skuhajte goveđe trake u tavi.
5. U tavu dodajte hoisin umak i ostatak začina i umaka.
6. Dobro izmiješajte sastojke.
7. Izbaciti kad d1.
8. Dodajte smeđu rižu u zdjelu.
9. Dodajte smjesu govedine na vrh.
10. Vaše jelo je spremno za posluživanje.

30.Zdjela za rižu od svinjetine i đumbira

SASTOJCI:
- 2 žličice rižinog vina
- 1/4 žličice sečuanskog papra
- Crni papar
- Sol
- 1 žlica nasjeckanog đumbira
- 1 žlica umaka od kamenica
- 1 žlica svijetlog soja umaka
- 2 žličice sezamovog ulja
- 4 žličice tamnog soja umaka
- 2 šalice mljevene svinjetine
- 2 šalice kuhane riže

UPUTE:
1. Uzmite veliku tavu.
2. Zagrijte ulje u tavi i dodajte svinjetinu.
3. Dodajte nasjeckani đumbir u tavu.
4. Dodajte rižino vino u tavu.
5. Smjesu dobro kuhajte desetak minuta dok se ne zapeku.
6. U tavu dodajte šećer, sečuanski papar, crvenu čili papričicu, tamni sojin umak, umak od kamenica, svijetli sojin umak, crni papar i sol.
7. Dobro kuhajte sastojke oko petnaest minuta.
8. Dodajte rižu u 2 zdjelice.
9. Na vrh dodajte smjesu kuhane svinjetine.
10. Vaše jelo je spremno za posluživanje.

31. Recept za vegansku zdjelu s umakom od sezama

SASTOJCI:
- 1 šalica edamamea
- 1 nasjeckana mrkva
- 2 šalice riže
- 2 šalice narezanog avokada
- 1 šalica umaka od sezama
- 1 šalica krastavca
- 1 šalica ljubičastog kupusa
- 1 šalica hrskavih tofu kockica
- 2 žlice đumbira
- 1 žlica rižinog octa
- 2 šalice vode
- Posolite po ukusu
- Crni papar po ukusu
- 2 žlice svijetlog soja umaka
- 2 žlice tamnog soja umaka
- 1 žličica protisnutog češnjaka

UPUTE:
1. Uzmite posudu za umak.
2. Dodajte vodu u tavu.
3. Dodajte rižu i dobro kuhajte desetak minuta.
4. Dodajte ostatak sastojaka osim umaka od sezama u zdjelu.
5. Dobro izmiješajte sastojke.
6. Dodajte smeđu rižu u zdjelu.
7. Dodajte povrće i tofu na vrh.
8. Po vrhu pokapajte umak od sezama.
9. Vaše jelo je spremno za posluživanje.

32.Čili pileća riža zdjela

SASTOJCI:
- 1 žličica bijelog papra u zrnu
- 1 žličica svježeg đumbira
- 1 žlica ribljeg umaka
- 1 žlica soja umaka
- 1/2 žličice kineskog pet začina
- 2 žlice umaka od čilija i češnjaka
- 1 šalica kineskog crvenog čilija
- 1 žličica mljevene limunske trave
- 1 žličica nasjeckanog češnjaka
- 2 žličice sezamovog ulja
- 1 šalica komadića piletine
- 2 šalice kuhane riže

UPUTE:
1. Uzmite wok.
2. U wok dodajte mljevenu limunsku travu, bijeli papar u zrnu, nasjeckani češnjak, pet kineskih začina, crveni čili, listove bosiljka i đumbir.
3. Uzmite neprijanjajuću tavu.
4. Dodajte piletinu u tavu.
5. Skuhajte sastojke i izvadite ih.
6. Dodajte umake u smjesu za wok.
7. Kuhajte jelo desetak minuta.
8. Dodajte piletinu i kuhajte je pet minuta.
9. U to umiješajte ostale sastojke.
10. Kuhajte jelo još pet minuta.
11. Stavite rižu u 2 zdjele.
12. Na vrh dodajte smjesu s piletinom.
13. Vaše jelo je spremno za posluživanje.

33. Tofu Buddha zdjela

SASTOJCI:
- 1 žlica umaka od kamenica
- 2 kineske čili papričice
- 1 žlicaribljeg umaka
- 1/2 žlice soja umaka
- 2 žličice mljevenog češnjaka
- 3 žlice ulja za kuhanje
- 1/2 šalice ljutog umaka
- 2 šalice miješanog povrća
- 2 šalice tofu kockica
- Posolite po potrebi
- Nasjeckani svježi cilantro za ukrašavanje
- 2 šalice kuhane riže
- 1 šalica prženog kikirikija
- 1 šalica Buddha dresinga

UPUTE:
1. Uzmite veliku tavu.
2. Dodajte ulje za kuhanje u tavu i zagrijte ga.
3. Dodajte povrće i tofu u tavu i popržite ga uz miješanje.
4. Dodajte nasjeckani češnjak u tavu.
5. U smjesu dodajte soja umak, riblji umak, kinesku čili papričicu, ljuti umak i ostale sastojke.
6. Jelo kuhajte desetak minuta i dodajte malo vode za curry.
7. Izvadite sastojke.
8. Dodajte rižu u zdjelice.
9. Dodajte pripremljenu smjesu i preljev na vrh.
10. Ukrasite zdjelice nasjeckanim svježim listovima cilantra.
11. Vaše jelo je spremno za posluživanje.

34.Dan zdjela riže

SASTOJCI:
- 1 šalica mljevene svinjetine
- 1 žlica sriracha umaka
- 1/2 šalice nasjeckanog celera
- 1/2 šalice narezanog mladog luka
- 1 žličica rižinog vina
- 1 žličica svježeg đumbira
- 1 žlica soja umaka
- 1/2 žličice kineskog pet začina
- 1/2 šalice svježeg lišća cilantra
- 1/2 šalice svježeg lišća bosiljka
- 1 šalica goveđe juhe
- 1 žličica nasjeckanog češnjaka
- 2 žlice biljnog ulja
- 2 šalice kuhane riže

UPUTE:
1. Uzmite wok.
2. Dodajte začine u wok.
3. Dodajte goveđu juhu i umake u smjesu za wok.
4. Jelo kuhajte desetak minuta.
5. Dodajte svinjetinu u smjesu.
6. Svinjetinu dobro izmiješajte i kuhajte je pet minuta.
7. Sastojke dobro prokuhati i pomiješati s ostalim sastojcima.
8. Smanjite toplinu štednjaka.
9. U zasebnu posudu dodajte suhe rezance i vodu.
10. Dodajte kuhanu rižu u zdjelice.
11. Na vrh dodajte kuhanu smjesu.
12. Dodajte cilantro na vrh.
13. Vaše jelo je spremno za posluživanje.

35.Zdjela riže s mljevenom piletinom

SASTOJCI:
- 2 žličice rižinog vina
- 1 čajna žličica šećera
- 1/4 žličice sečuanskog papra
- 2 žličice nasjeckanog crvenog čilija
- Crni papar
- Sol
- 1 žlica nasjeckanog češnjaka
- 1 žlica umaka od kamenica
- 1 žlica svijetlog soja umaka
- 1/2 šalice sitno nasjeckanog mladog luka
- 2 žličice sezamovog ulja
- 4 žličice tamnog soja umaka
- 2 šalice mljevene piletine
- 2 šalice kuhane riže

UPUTE:
1. Uzmite veliku tavu.
2. Zagrijte ulje u tavi i dodajte piletinu.
3. U tavu dodajte nasjeckani češnjak.
4. Dodajte rižino vino u tavu.
5. Smjesu dobro kuhajte desetak minuta dok se ne zapeku.
6. U tavu dodajte šećer, sečuanski papar, crvenu čili papričicu, tamni sojin umak, umak od kamenica, svijetli sojin umak, crni papar i sol.
7. Dobro kuhajte sastojke oko petnaest minuta.
8. Dodajte rižu u 2 zdjelice.
9. Na vrh dodajte smjesu kuhane piletine.
10. Vaše jelo je spremno za posluživanje.

36. Zdjela za rezance s limunom

SASTOJCI:
- 1 šalica rižinih rezanaca
- 1/2 šalice soka od limuna
- 1 šalica luka
- 1 šalica vode
- 2 žlice nasjeckanog češnjaka
- 2 žlice mljevenog đumbira
- 1/2 šalice cilantra
- 2 šalice povrća
- 2 žlice maslinovog ulja
- 1 šalica temeljca od povrća
- 1 šalica nasjeckanih rajčica

UPUTE:
1. Uzmite tavu.
2. Dodajte ulje i luk.
3. Kuhajte luk dok ne omekša i ne zamiriši.
4. Dodajte nasjeckani češnjak i đumbir.
5. Skuhajte smjesu i u nju dodajte rajčice.
6. Dodajte začine.
7. Dodajte rižine rezance i sok od limuna u to.
8. Sastojke pažljivo promiješajte i poklopite posudu.
9. Dodajte povrće i ostale sastojke.
10. Kuhajte desetak minuta.
11. Podijelite ga u 2 posude.
12. Dodajte cilantro na vrh.
13. Vaše jelo je spremno za posluživanje.

37. Zdjela riže s piletinom od češnjaka i soje

SASTOJCI:
- 2 žličice rižinog vina
- 1 šalica soje
- 1/4 žličice sečuanskog papra
- 2 žličice nasjeckanog crvenog čilija
- Crni papar
- Sol
- 1 šalica komadića piletine
- 1 žlica nasjeckanog češnjaka
- 2 žlice sezamovog ulja
- 4 žličice tamnog soja umaka
- 2 šalice kuhane riže
- 2 žlice nasjeckanog mladog luka

UPUTE:
1. Uzmite veliku tavu.
2. Zagrijte ulje u tavi.
3. U tavu dodajte nasjeckani češnjak.
4. Dodajte piletinu, rižino vino i soju u tavu.
5. Smjesu dobro kuhajte desetak minuta dok se ne zapeku.
6. Dodajte sečuanski papar, crvenu čili papričicu, tamni sojin umak, crni papar i sol u tavu.
7. Dobro kuhajte sastojke oko petnaest minuta.
8. Rižu podijelite u 2 zdjele.
9. Dodajte smjesu na vrh.
10. Jelo ukrasite nasjeckanim mladim lukom.
11. Vaše jelo je spremno za posluživanje.

KOREJSKE ZDJELICE ZA RIŽU

38. Korejska zdjela riže s ribom na žaru

SASTOJCI:
- 1 funta ribe
- 2 šalice riže
- 2 žlice gochujanga
- 1 žlica ulja za kuhanje
- 2 šalice vode
- Posolite po ukusu
- Crni papar po ukusu
- 2 žlice soja umaka
- 1 žličica šećera
- 1 žličica protisnutog češnjaka

UPUTE:
1. Uzmite posudu za umak.
2. Dodajte vodu u tavu.
3. Dodajte rižu i dobro kuhajte desetak minuta.
4. Ostatak suhih sastojaka dodajte u zdjelu.
5. Dobro izmiješajte sastojke.
6. Zagrijte grill tavu.
7. Dodajte ribu na gril tavu.
8. Ribu dobro ispecite s obje strane.
9. Izbaciti kad d1.
10. Ribu narežite na ploške.
11. Dodajte rižu u zdjelu.
12. Na vrh dodajte narezanu ribu.
13. Vaše jelo je spremno za posluživanje.

39.Korean St 1 posuda za rižu

SASTOJCI:

- 1 šalica gljiva
- 1 nasjeckana mrkva
- 2 šalice kuhane riže
- 1 šalica bok choya
- 1 žlica rižinog octa
- dvije žlice nasjeckanog lišća cilantra
- 1 šalica kuhanih goveđih trakica
- Posolite po ukusu
- Crni papar po ukusu
- 2 žlice gochujang bibim umaka
- 2 pečena jaja

UPUTE:

1. Uzmite 2 male st1 posude.
2. Rižu i kuhano povrće rasporedite u lonce.
3. Dodajte rižin ocat i lagano promiješajte.
4. Nadjenite govedinu, posolite i popaprite.
5. Po vrhu pokapajte gochujang bibim umak.
6. Jelo ukrasite nasjeckanim listovima cilantra.
7. Vaše jelo je spremno za posluživanje.

40.Korejska zdjela riže za sashimi

SASTOJCI:
- 1 šalica ribljih odrezaka sashimija
- 2 šalice kuhane riže
- 1 žlica nasjeckanog mladog luka
- 1 žlica rižinog octa
- 1 šalica miješanog povrća za salatu
- 1 šalica gochujang umaka
- 2 žlice wasabija
- Posolite po ukusu
- Crni papar po ukusu
- 2 žlice soja umaka

UPUTE:
1. Uzmite 2 zdjelice.
2. Podijelite rižu i povrće u obje zdjele.
3. Dodajte sol, papar, rižin ocat, wasabi i soja umak na vrh.
4. Na povrće dodajte kriške ribe.
5. Dodajte gochujang umak na vrh.
6. Ukrasite nasjeckanim mladim lukom.
7. Vaše jelo je spremno za posluživanje.

41.Korejske zdjelice riže za sushi

SASTOJCI:
- 1 šalica kriški lososa
- 1 šalica kriški tune
- 2 šalice kuhane riže
- 1 žlica sjemenki sezama
- 2 tobiko jaja
- 1 žlica rižinog octa
- 1 šalica sushi povrća
- 1 šalica gochujang umaka
- Posolite po ukusu
- Crni papar po ukusu
- 2 žlice soja umaka

UPUTE:
1. Uzmite 2 zdjelice.
2. Podijelite rižu i povrće za sushi u obje zdjele.
3. Na vrh dodajte sol, papar, rižin ocat i sojin umak.
4. Zagrijte kriške tune i lososa u mikrovalnoj pećnici.
5. Dodajte ove mesne kriške na povrće.
6. Stavite tobiko jaja sa strane.
7. Dodajte gochujang umak na vrh.
8. Ukrasiti sezamom.
9. Vaše jelo je spremno za posluživanje.

42.Korejska pileća zdjela riže

SASTOJCI:
- 2 žličice gochujanga
- 1/2 šalice sjemenki sezama
- 1 žličica svježeg đumbira
- 1 žlica ribljeg umaka
- 1 žlica soja umaka
- Svježi listovi cilantra
- 2 šalice mljevene piletine
- 1 žlica nasjeckanog mladog luka
- 2 šalice pileće juhe
- 1 žličica kukuruznog škroba
- 1 žličica nasjeckanog češnjaka
- 2 žlice sezamovog ulja
- 2 šalice riže
- 2 šalice vode

UPUTE:
1. Uzmite wok.
2. Dodajte ulje, nasjeckani češnjak, gochujang i đumbir u wok.
3. Dodajte pileću juhu i umake u smjesu za wok.
4. Jelo kuhajte desetak minuta.
5. U smjesu dodajte mljevenu piletinu.
6. Dodajte ostale sastojke i kuhajte pet minuta.
7. Smanjite toplinu štednjaka.
8. Kuhajte jelo još pet minuta.
9. Uzmite posudu za umak.
10. Dodajte vodu u tavu.
11. Dodajte rižu i dobro kuhajte desetak minuta.
12. Dodajte rižu u zdjelice.
13. Na vrh dodajte kuhanu smjesu.
14. U jelo dodajte mladi luk.
15. Vaše jelo je spremno za posluživanje.

43. za korejske goveđe kobasice

SASTOJCI:
- 2 žličice gochujanga
- 1/2 šalice sjemenki sezama
- 1 žličica svježeg đumbira
- 1 žlica ribljeg umaka
- 1 žlica soja umaka
- Svježi listovi cilantra
- 2 šalice korejske goveđe kobasice
- 1 žlica nasjeckanog mladog luka
- 1 žličica kukuruznog škroba
- 1 žličica nasjeckanog češnjaka
- 2 žlice sezamovog ulja
- 2 šalice riže
- 2 šalice vode

UPUTE:
1. Uzmite wok.
2. Dodajte ulje, nasjeckani češnjak, gochujang i đumbir u wok.
3. Dodajte u smjesu za wok.
4. Jelo kuhajte desetak minuta.
5. U smjesu dodajte kriške goveđe kobasice.
6. Dodajte ostale sastojke i kuhajte pet minuta.
7. Smanjite toplinu štednjaka.
8. Kuhajte jelo još pet minuta.
9. Uzmite posudu za umak.
10. Dodajte vodu u tavu.
11. Dodajte rižu i dobro kuhajte desetak minuta.
12. Dodajte rižu u zdjelice.
13. Na vrh dodajte kuhanu smjesu.
14. U jelo dodajte mladi luk.
15. Vaše jelo je spremno za posluživanje.

44. Donburi zdjela za korejske škampe

SASTOJCI:
- 2 žličice rižinog vina
- 1 čajna žličica šećera
- 1/4 žličice gochujanga
- 2 žličice nasjeckanog crvenog čilija
- Crni papar
- Sol
- 1 žlica nasjeckanog đumbira
- 1 žlica umaka od kamenica
- 1 žlica svijetlog soja umaka
- 1/2 šalice sitno nasjeckanog mladog luka
- 2 žličice sezamovog ulja
- 4 žličice tamnog soja umaka
- 2 šalice komada škampi
- 2 šalice riže
- 2 šalice vode

UPUTE:
1. Uzmite veliku tavu.
2. Zagrijte ulje u tavi i dodajte komadiće kozica.
3. Kuhajte dok ne postanu hrskavi i zlatno smeđi.
4. Dodajte nasjeckani đumbir u tavu.
5. Dodajte rižino vino u tavu.
6. Smjesu dobro kuhajte desetak minuta dok se ne zapeku.
7. U tavu dodajte šećer, gochujang, crvenu čili papričicu, tamni sojin umak, umak od kamenica, svijetli sojin umak, crni papar i sol.
8. Dobro kuhajte sastojke oko petnaest minuta.
9. Uzmite posudu za umak.
10. Dodajte vodu u tavu.
11. Dodajte rižu i dobro kuhajte desetak minuta.
12. Dodajte rižu u zdjelice.
13. Dodajte kuhanu smjesu na vrh.
14. Vaše jelo je spremno za posluživanje.

45.Korejska zdjela riže od cvjetače

SASTOJCI:
- 1 šalica gljiva
- 1 nasjeckana mrkva
- 2 šalice riže od cvjetače
- 1 šalica bok choya
- 1 žlica rižinog octa
- 1 žlica sjemenki sezama
- 2 šalice vode
- Posolite po ukusu
- Crni papar po ukusu
- 2 žlice soja umaka
- 1 žličica protisnutog češnjaka

UPUTE:
1. U tavi skuhajte šampinjone, šampinjone i mrkvu.
2. Dodajte protisnuti češnjak, sojin umak, rižin ocat, sol i crni papar.
3. Dodajte rižu cvjetaču u tavu.
4. Kuhati desetak minuta.
5. Dodajte smjesu riže cvjetače u zdjelu.
6. Vaše jelo je spremno za posluživanje.

46. Korejska pileća zdjela za roštilj

SASTOJCI:
- 1 šalica komadića piletine bez b1a
- 2 šalice riže
- 1 žlica rižinog octa
- 1 žlica sjemenki sezama
- 2 šalice vode
- Posolite po ukusu
- Crni papar po ukusu
- 1/2 šalice BBQ umaka
- 2 žlice soja umaka
- 1 žličica protisnutog češnjaka

UPUTE:
1. Uzmite posudu za umak.
2. Dodajte vodu u tavu.
3. Dodajte rižu i dobro kuhajte desetak minuta.
4. Skuhajte komade piletine u tavi.
5. Dodajte protisnuti češnjak, sojin umak, BBQ umak, rižin ocat, sol i crni papar.
6. Kuhajte desetak minuta.
7. Dodajte rižu u zdjelu.
8. Dodajte povrće na vrh.
9. Vaše jelo je spremno za posluživanje.

47. zdjela s rižom od govedine

SASTOJCI:
- 2 žličice gochujanga
- 1/2 šalice sjemenki sezama
- 1 žličica svježeg đumbira
- 1 žlica ribljeg umaka
- 1 žlica soja umaka
- 1 žlica crvene čili papričice
- Svježi listovi cilantra
- 2 šalice goveđih trakica
- 1 žlica nasjeckanog mladog luka
- 2 šalice goveđe juhe
- 1 žličica kukuruznog škroba
- 1 žličica nasjeckanog češnjaka
- 2 žlice sezamovog ulja
- 2 šalice riže
- 2 šalice vode

UPUTE:
1. Uzmite wok.
2. Dodajte ulje, nasjeckani češnjak, gochujang, crvenu čili papričicu i đumbir u wok.
3. Dodajte goveđu juhu i umake u smjesu za wok.
4. Jelo kuhajte desetak minuta.
5. Dodajte goveđe trake u smjesu.
6. Dodajte ostale sastojke i kuhajte pet minuta.
7. Smanjite toplinu štednjaka.
8. Kuhajte jelo još pet minuta.
9. Uzmite posudu za umak.
10. Dodajte vodu u tavu.
11. Dodajte rižu i dobro kuhajte desetak minuta.
12. Dodajte rižu u zdjelice.
13. Na vrh dodajte kuhanu smjesu.
14. U jelo dodajte mladi luk.
15. Vaše jelo je spremno za posluživanje.

VIJETNAMSKE ZDJELICE ZA RIŽU

48. Banh Mi zdjela riže

SASTOJCI:
- 2 šalice kuhane riže
- 1 žličica ribljeg umaka
- 1 šalica nasjeckanog kupusa
- 1 šalica nasjeckanog mladog luka
- 2 žlice nasjeckanog cilantra
- 1 šalica komadića svinjskog filea
- 1 šalica ukiseljenog povrća
- 2 žlice maslinovog ulja
- 1 šalica sriracha majoneze
- Posolite po ukusu
- Crni papar po ukusu

UPUTE:
1. Uzmite tavu.
2. Dodajte ulje u tavu.
3. Dodajte svinjetinu, sol i crni papar.
4. Dobro kuhajte desetak minuta.
5. Izbaciti kad d1.
6. Rižu podijelite u 2 zdjele.
7. Na vrh dodajte svinjetinu, ukiseljeno povrće, sriracha majonezu i ostale sastojke.
8. Ukrasite cilantrom na vrhu.
9. Vaše jelo je spremno za posluživanje.

49. Govedina i hrskava riža

SASTOJCI:
- 2 šalice kuhane smeđe riže
- 1 šalica sriracha umaka
- 1 žlica ribljeg umaka
- 1 šalica kuhanih goveđih trakica
- 1 žlica rižinog octa
- Posolite po ukusu
- Crni papar po ukusu
- 2 žlice soja umaka
- 1 žličica protisnutog češnjaka
- 2 žlice ulja za kuhanje

UPUTE:
1. Dodajte ulje u tavu.
2. U tavu dodati kuhanu rižu.
3. Dobro izmiješajte rižu.
4. Pustite da postane hrskavo.
5. Kuhati desetak minuta.
6. U smjesu dodajte sve umake i začine.
7. Dobro izmiješajte sastojke.
8. Dodajte hrskavu rižu u zdjelu.
9. Dodajte kuhanu govedinu na vrh riže.
10. Vaše jelo je spremno za posluživanje.

50.Zdjela s piletinom i sirarcha rižom

SASTOJCI:
- 2 šalice kuhane smeđe riže
- 1 šalica sriracha umaka
- 1 žlica ribljeg umaka
- 1 šalica pilećih trakica
- 1 žlica rižinog octa
- Posolite po ukusu
- Crni papar po ukusu
- 2 žlice soja umaka
- 1 žličica protisnutog češnjaka
- 2 žlice ulja za kuhanje

UPUTE:
1. Dodajte ulje u tavu.
2. Dodajte češnjak u tavu.
3. Češnjak dobro izmiksati.
4. Pustite da postane hrskavo.
5. Dodajte komade piletine.
6. U smjesu dodajte sve umake i začine.
7. Dobro izmiješajte sastojke.
8. Kuhanu rižu podijelite u 2 zdjele.
9. Na rižu dodajte kuhanu piletinu.
10. Vaše jelo je spremno za posluživanje.

51. Zdjela s goveđim rezancima s limunskom travom

SASTOJCI:
- 2 šalice rezanaca
- 2 šalice vode
- 1 žličica ribljeg umaka
- 1 šalica luka
- 1 šalica vode
- 2 žlice nasjeckanog češnjaka
- 2 žlice mljevenog đumbira
- 1/2 šalice cilantra
- 2 žlice sušene limunske trave
- 2 žlice maslinovog ulja
- 1 šalica goveđeg temeljca
- 1 šalica goveđih trakica
- 1 šalica nasjeckanih rajčica

UPUTE:
1. Uzmite tavu.
2. Dodajte ulje i luk.
3. Kuhajte luk dok ne omekša i ne zamiriši.
4. Dodajte nasjeckani češnjak i đumbir.
5. Skuhajte smjesu i u nju dodajte rajčice.
6. Dodajte začine.
7. U to dodajte goveđe trakice, goveđu juhu i riblji umak.
8. Sastojke pažljivo promiješajte i poklopite posudu.
9. Kuhajte desetak minuta.
10. Uzmite posudu za umak.
11. Dodajte vodu u tavu.
12. Dodajte rezance i dobro kuhajte desetak minuta.
13. Rezance podijeliti u 2 posude.
14. Dodajte smjesu govedine i cilantro na vrh.
15. Vaše jelo je spremno za posluživanje.

52. Zdjela s glaziranom piletinom i rižom

SASTOJCI:
- 2 žličice rižinog vina
- 1/4 žličice ribljeg umaka
- Crni papar
- Sol
- 1 žlica nasjeckanog đumbira
- 1 žlica umaka od kamenica
- 1 žlica svijetlog soja umaka
- 1/2 šalice sitno nasjeckanog mladog luka
- 2 žličice sezamovog ulja
- 4 žličice tamnog soja umaka
- 2 šalice glaziranih komada piletine
- 2 šalice kuhane riže

UPUTE:
1. Uzmite veliku tavu.
2. Dodajte nasjeckani đumbir u tavu.
3. Dodajte rižino vino u tavu.
4. Smjesu dobro kuhajte desetak minuta dok se ne zapeku.
5. U tavu dodajte riblji umak, tamni sojin umak, umak od kamenica, svijetli sojin umak, crni papar i sol.
6. Dobro kuhajte sastojke oko petnaest minuta.
7. Dodajte rižu u 2 zdjelice.
8. Dodajte kuhanu smjesu na vrh.
9. Na vrh dodajte glazirane komade piletine.
10. Vaše jelo je spremno za posluživanje.

53. Recept za vermicelli od kozica s češnjakom

SASTOJCI:
- 1 šalica rižinih vermicella
- 1 žličica ribljeg umaka
- 1 šalica luka
- 1 šalica vode
- 2 žlice nasjeckanog češnjaka
- 2 žlice mljevenog đumbira
- 1/2 šalice cilantra
- 2 žlice ulja za kuhanje
- 1 šalica komada kozica
- 1 šalica temeljca od povrća
- 1 šalica nasjeckanih rajčica

UPUTE:
1. Uzmite tavu.
2. Dodajte ulje i luk.
3. Kuhajte luk dok ne omekša i ne zamiriši.
4. Dodajte nasjeckani češnjak i đumbir.
5. Skuhajte smjesu i u nju dodajte rajčice.
6. Dodajte začine.
7. U to dodajte komade kozica.
8. Sastojke pažljivo promiješajte i poklopite posudu.
9. Dodajte rižine vermicelle, riblji umak i ostale sastojke.
10. Kuhajte desetak minuta.
11. Podijelite ga u 2 posude.
12. Dodajte cilantro na vrh.
13. Vaše jelo je spremno za posluživanje.

54.Zdjela s pilećim okruglicama i rezancima

SASTOJCI:
- 1 žlica svijetlog soja umaka
- 1/2 šalice sitno nasjeckanog mladog luka
- 2 žličice sezamovog ulja
- 4 žličice tamnog soja umaka
- 2 šalice pilećih okruglica kuhanih na pari
- 2 šalice kuhanih rezanaca
- 2 žličice rižinog vina
- 1/4 žličice ribljeg umaka
- Crni papar
- Sol
- 1 žlica nasjeckanog đumbira
- 1 žlica umaka od kamenica

UPUTE:
1. Uzmite veliku tavu.
2. Dodajte nasjeckani đumbir u tavu.
3. Dodajte rižino vino u tavu.
4. Smjesu dobro kuhajte desetak minuta dok se ne zapeku.
5. U tavu dodajte riblji umak, tamni sojin umak, umak od kamenica, svijetli sojin umak, crni papar i sol.
6. Dobro kuhajte sastojke oko petnaest minuta.
7. Dodajte rezance u 2 zdjelice.
8. Dodajte kuhanu smjesu na vrh.
9. Na vrh dodajte pileće okruglice.
10. Vaše jelo je spremno za posluživanje.

55. zdjela riže

SASTOJCI:
- 2 žlice nasjeckanog češnjaka
- 2 žlice mljevenog đumbira
- 1/2 šalice cilantra
- 2 žlice ulja za kuhanje
- 1 šalica pilećeg temeljca
- 1 šalica komadića piletine
- 1 šalica nasjeckanih rajčica
- 2 šalice riže
- 2 šalice vode
- 1 žličica ribljeg umaka
- 1 šalica luka
- 1 šalica vode

UPUTE:
1. Uzmite tavu.
2. Dodajte ulje i luk.
3. Kuhajte luk dok ne omekša i ne zamiriši.
4. Dodajte nasjeckani češnjak i đumbir.
5. Skuhajte smjesu i u nju dodajte rajčice.
6. Dodajte začine.
7. U to dodajte komade piletine, pileću juhu i riblji umak.
8. Sastojke pažljivo promiješajte i poklopite posudu.
9. Kuhajte desetak minuta.
10. Uzmite posudu za umak.
11. Dodajte vodu u posudu.
12. Dodajte rižu i dobro kuhajte desetak minuta.
13. Rižu podijelite u 2 zdjele.
14. Dodajte mješavinu piletine i cilantro na vrh.
15. Vaše jelo je spremno za posluživanje.

56. Začinjena goveđa riža zdjela

SASTOJCI:
- 1/2 šalice cilantra
- 2 žlice crvene čili papričice
- 2 žlice maslinovog ulja
- 1 šalica goveđeg temeljca
- 1 šalica goveđih trakica
- 1 šalica nasjeckanih rajčica
- 2 šalice smeđe riže
- 2 šalice vode
- 1 žličica ribljeg umaka
- 1 šalica luka
- 1 šalica vode
- 2 žlice nasjeckanog češnjaka
- 2 žlice mljevenog đumbira

UPUTE:
1. Uzmite tavu.
2. Dodajte ulje i luk.
3. Kuhajte luk dok ne omekša i ne zamiriši.
4. Dodajte nasjeckani češnjak i đumbir.
5. Skuhajte smjesu i u nju dodajte rajčice.
6. Dodajte začine.
7. U to dodajte goveđe trakice, crvenu čili papričicu, goveđu juhu i riblji umak.
8. Sastojke pažljivo promiješajte i poklopite posudu.
9. Kuhajte desetak minuta.
10. Uzmite posudu za umak.
11. Dodajte vodu u tavu.
12. Dodajte smeđu rižu i dobro kuhajte desetak minuta.
13. Podijelite smeđu rižu u 2 zdjele.
14. Dodajte smjesu govedine i cilantro na vrh.
15. Vaše jelo je spremno za posluživanje.

57. Zdjela s karameliziranom piletinom

SASTOJCI:
- 1/2 šalice sitno nasjeckanog mladog luka
- 2 žličice sezamovog ulja
- 4 žličice tamnog soja umaka
- 2 šalice kuhanih komada piletine
- 2 žlice šećera
- 2 šalice kuhane riže
- 2 žličice rižinog vina
- 1/4 žličice ribljeg umaka
- Crni papar
- Sol
- 1 žlica nasjeckanog đumbira
- 1 žlica umaka od kamenica
- 1 žlica svijetlog soja umaka

UPUTE:
1. Uzmite veliku tavu.
2. Dodajte nasjeckani đumbir u tavu.
3. Dodajte rižino vino u tavu.
4. Smjesu dobro kuhajte desetak minuta dok se ne zapeku.
5. U tavu dodajte riblji umak, tamni sojin umak, umak od kamenica, svijetli sojin umak, crni papar i sol.
6. Dobro kuhajte sastojke oko petnaest minuta.
7. Izbaciti kad d1.
8. U šerpu dodajte šećer i pustite da se rastopi.
9. Dodajte kuhane komade piletine i dobro promiješajte.
10. Kuhajte pet minuta.
11. Dodajte rižu u 2 zdjelice.
12. Dodajte kuhanu smjesu na vrh.
13. Na vrh dodajte karameliziranu piletinu.
14. Vaše jelo je spremno za posluživanje.

INDIJSKE ZDJELICE ZA RIŽU

58.Pileća tikka zdjela riže

SASTOJCI:
- 1 šalica komadića piletine bez b1a
- 2 šalice riže
- 2 šalice vode
- 2 žlice crvenog čilija u prahu
- 1 žličica garam masala praha
- 1 žlica ulja za kuhanje
- 2 žlice tikka masale
- Posolite po ukusu
- Crni papar po ukusu
- 2 žlice korijandera u prahu
- 1 žličica kumina u prahu
- 1 žličica protisnutog češnjaka

UPUTE:
1. Uzmite posudu za umak.
2. Dodajte vodu u tavu.
3. Dodajte rižu i dobro kuhajte desetak minuta.
4. Uzmite veliku tavu.
5. U tavu dodajte nasjeckani češnjak.
6. Dodajte začine u tavu.
7. Smjesu dobro kuhajte desetak minuta dok se ne zapeku.
8. Dodajte komade piletine u tavu.
9. Dobro kuhajte sastojke oko petnaest minuta.
10. Dodajte rižu u zdjelu.
11. Dodajte smjesu piletine tikka na vrh.
12. Vaše jelo je spremno za posluživanje.

59. Zdjela smeđe riže s karijem

SASTOJCI:

- 1/2 funte povrća
- 2 luka
- 2 žlice uljane repice
- 1 šalica kuhane smeđe riže
- 2 šalice vode
- 1 žličica đumbira
- 2 rajčice
- 4 češnja češnjaka
- 2 zelena čilija
- Posolite po ukusu
- 1 žličica crvene curry paprike
- Crni papar po ukusu
- 1 žličica lišća korijandera
- 1/2 žličice garam masale
- 1 čajna žličica sjemenki crne gorušice
- 1 žličica sjemenki kumina

UPUTE:
1. Uzmite tavu i dodajte ulje u nju.
2. Zagrijte ulje i dodajte luk.
3. Pržite luk dok ne postane svijetlo smeđi.
4. Dodajte sjemenke kumina i sjemenke gorušice u tavu.
5. Dobro ih popržite i dodajte sol i papar te zeleni čili.
6. U to dodajte kurkumu, đumbir i češanj češnjaka.
7. Dodajte povrće i crvenu curry papriku u tavu.
8. Dobro ih izmiješajte i nastavite kuhati petnaestak minuta.
9. Dodajte smeđu rižu u zdjelu.
10. Na vrh dodati pripremljenu smjesu.
11. Dodajte listove korijandera i garam masalu za ukrašavanje.
12. Vaše jelo je spremno za posluživanje.

60.Zdjela riže sa sirom

SASTOJCI:
- 1/2 funte miješanog sira
- 2 luka
- 2 žlice uljane repice
- 1 šalica kuhane smeđe riže
- 2 šalice vode
- 1 žličica đumbira
- 2 rajčice
- 4 češnja češnjaka
- 2 zelena čilija
- Posolite po ukusu
- 1 žličica crvene curry paprike
- Crni papar po ukusu
- 1 žličica lišća korijandera
- 1/2 žličice garam masale
- 1 čajna žličica sjemenki crne gorušice
- 1 žličica sjemenki kumina

UPUTE:
1. Uzmite tavu i dodajte ulje u nju.
2. Zagrijte ulje i dodajte luk.
3. Pržite luk dok ne postane svijetlo smeđi.
4. Dodajte sjemenke kumina i sjemenke gorušice u tavu.
5. Dobro ih popržite i dodajte sol i papar te zeleni čili.
6. U to dodajte kurkumu, đumbir i češanj češnjaka.
7. Dodajte sir, rižu i crvenu curry papriku u tavu.
8. Dobro ih izmiješajte i nastavite kuhati petnaestak minuta.
9. Dodajte smeđu rižu u zdjelu.
10. Vaše jelo je spremno za posluživanje.

61.Indijska zdjela riže s curryjem od ovčetine

SASTOJCI:
- 1/2 funte komada ovčetine
- 2 luka
- 2 žlice uljane repice
- 1 šalica kuhane riže
- 2 šalice vode
- 1 žličica đumbira
- 2 rajčice
- 4 češnja češnjaka
- Šest zelenih čilija
- Posolite po ukusu
- 1 žličica crvene curry paprike
- Crni papar po ukusu
- 1 žličica lišća korijandera
- 1/2 žličice garam masale
- 1 čajna žličica sjemenki crne gorušice
- 1 žličica sjemenki kumina

UPUTE:
1. Uzmite tavu i dodajte ulje u nju.
2. Zagrijte ulje i dodajte luk.
3. Pržite luk dok ne postane svijetlo smeđi.
4. Dodajte sjemenke kumina i sjemenke gorušice u tavu.
5. Dobro ih popržite i dodajte sol i papar te zeleni čili.
6. U to dodajte kurkumu, đumbir i češanj češnjaka.
7. U tavu dodajte ovčetinu i crvenu curry papriku.
8. Dobro ih izmiješajte i nastavite kuhati petnaestak minuta.
9. Dodajte rižu u zdjelu.
10. Na vrh dodati pripremljenu smjesu.
11. Dodajte listove korijandera i garam masalu za ukrašavanje.
12. Vaše jelo je spremno za posluživanje.

62.Indijska kremasta zdjela za curry

SASTOJCI:

- 1/2 funte povrća
- 2 luka
- 2 žlice uljane repice
- 1 šalica kuhane riže
- 2 šalice vode
- 1 žličica đumbira
- 2 rajčice
- 4 češnja češnjaka
- 2 zelena čilija
- 1 šalica gustog vrhnja
- Posolite po ukusu
- 1 žličica crvene curry paprike
- Crni papar po ukusu
- 1 žličica lišća korijandera
- 1/2 žličice garam masale
- 1 čajna žličica sjemenki crne gorušice
- 1 žličica sjemenki kumina

UPUTE:
1. Uzmite tavu i dodajte ulje u nju.
2. Zagrijte ulje i dodajte luk.
3. Pržite luk dok ne postane svijetlo smeđi.
4. Dodajte sjemenke kumina i sjemenke gorušice u tavu.
5. Dobro ih popržite i dodajte sol i papar te zeleni čili.
6. U to dodajte kurkumu, đumbir i češanj češnjaka.
7. Dodajte povrće, vrhnje i crvenu curry papriku u tavu.
8. Dobro ih izmiješajte i nastavite kuhati petnaestak minuta.
9. Dodajte rižu u zdjelu.
10. Na vrh dodati pripremljenu smjesu.
11. Dodajte listove korijandera i garam masalu za ukrašavanje.
12. Vaše jelo je spremno za posluživanje.

63. Indijska zdjela riže s limunom

SASTOJCI:
- 2 žlice uljane repice
- 1 šalica svježeg začinskog bilja
- 1 šalica narezanih limuna
- 1 žlica crvenog čilija u prahu
- 2 žlice soka od limuna
- 1 žličica paste od češnjaka i đumbira
- 1 žličica čili pahuljica
- 1/2 žličice kima u prahu
- 1 žlica korijandera u prahu
- Sol
- 2 šalice kuhane riže

UPUTE:
1. Uzmite lonac i dodajte ulje u njega.
2. Zagrijte ulje pa u njega dodajte komadiće limuna, sol i papar.
3. Kuhati par minuta dok limun ne omekša.
4. Dodajte češnjak, đumbir i pahuljice crvenog čilija.
5. Kuhati dok smjesa ne zamiriše.
6. Dodajte začine u smjesu i kuhajte.
7. Dodajte rižu u 2 zdjelice.
8. Skuhanu smjesu podijeliti u 2 posude.
9. Dodajte svježe začinsko bilje na vrh.
10. Vaše jelo je spremno za posluživanje.

64. Indijska Buddha zdjela od cvjetače

SASTOJCI:

- 1 šalica cvjetova cvjetače
- 2 šalice kvinoje
- 2 šalice vode
- 2 žlice crvenog čilija u prahu
- 1 žličica garam masala praha
- 1 žlica ulja za kuhanje
- 2 šalice špinata
- 2 šalice crvene paprike
- 1/2 šalice prženih indijskih oraščića
- Posolite po ukusu
- Crni papar po ukusu
- 2 žlice korijandera u prahu
- 1 žličica kumina u prahu
- 1 žličica protisnutog češnjaka

UPUTE:

1. Uzmite posudu za umak.
2. Dodajte vodu u tavu.
3. Dodajte kvinoju i dobro kuhajte desetak minuta.
4. Uzmite veliku tavu.
5. U tavu dodajte nasjeckani češnjak.
6. Dodajte začine u tavu.
7. Smjesu dobro kuhajte desetak minuta dok se ne zapeku.
8. U tavu dodajte špinat, cvjetaču i papriku.
9. Dobro kuhajte sastojke oko petnaest minuta.
10. Dodajte kvinoju u zdjelu.
11. Dodajte masala cvjetaču na vrh.
12. Dodajte pržene indijske oraščiće na vrh cvjetače.
13. Vaše jelo je spremno za posluživanje.

65. Indijska zdjela od leće na žaru

SASTOJCI:
- 2 žlice uljane repice
- 1 šalica svježeg začinskog bilja
- 1 žlica crvenog čilija u prahu
- 2 šalice pečene leće
- 1 žličica paste od češnjaka i đumbira
- 1 žličica čili pahuljica
- 1/2 žličice kima u prahu
- 1 žlica korijandera u prahu
- Sol
- 1/2 šalice umaka od mente
- 2 šalice kuhane riže

UPUTE:
1. Uzmite lonac i dodajte ulje u njega.
2. Zagrijte ulje pa u njega dodajte pečenu leću, sol i papar.
3. Dodajte češnjak, đumbir i pahuljice crvenog čilija.
4. Kuhati dok smjesa ne zamiriše.
5. Dodajte začine u smjesu i kuhajte.
6. Dodajte rižu u 2 zdjelice.
7. Skuhanu smjesu podijeliti u 2 posude.
8. Dodajte svježe začinsko bilje i umak od mente na vrh.
9. Vaše jelo je spremno za posluživanje.

66.Indijska pileća zdjela riže

SASTOJCI:
- 1/2 funte komada piletine
- 2 luka
- 2 žlice uljane repice
- 1 šalica kuhane riže
- 2 šalice vode
- 1 žličica đumbira
- 2 rajčice
- 4 češnja češnjaka
- Šest zelenih čilija
- Posolite po ukusu
- 1 žličica crvene curry paprike
- Crni papar po ukusu
- 1 žličica lišća korijandera
- 1/2 žličice garam masale
- 1 čajna žličica sjemenki crne gorušice
- 1 žličica sjemenki kumina

UPUTE:
1. Uzmite tavu i dodajte ulje u nju.
2. Zagrijte ulje i dodajte luk.
3. Pržite luk dok ne postane svijetlo smeđi.
4. Dodajte sjemenke kumina i sjemenke gorušice u tavu.
5. Dobro ih popržite i dodajte sol i papar te zeleni čili.
6. U to dodajte kurkumu, đumbir i češanj češnjaka.
7. Dodajte piletinu i crvenu curry papriku u tavu.
8. Dobro ih izmiješajte i nastavite kuhati petnaestak minuta.
9. Dodajte rižu u zdjelu.
10. Na vrh dodati pripremljenu smjesu.
11. Dodajte listove korijandera i garam masalu za ukrašavanje.
12. Vaše jelo je spremno za posluživanje.

67.Indijska zdjela crvene riže

SASTOJCI:
- 1/2 funte crvene riže
- 2 luka
- 2 žlice uljane repice
- 2 šalice vode
- 1 žličica đumbira
- 2 rajčice
- 4 češnja češnjaka
- Šest zelenih čilija
- Posolite po ukusu
- 1 žličica crvene curry paprike
- Crni papar po ukusu
- 1 žličica lišća korijandera
- 1/2 žličice garam masale
- 1 žličica sjemenki kumina

UPUTE:
1. Uzmite tavu i dodajte ulje u nju.
2. Zagrijte ulje i dodajte luk.
3. Pržite luk dok ne postane svijetlo smeđi.
4. Dodajte sjemenke kumina u tavu.
5. Dobro ih popržite i dodajte sol i papar te zeleni čili.
6. U to dodajte kurkumu, đumbir i češanj češnjaka.
7. Dodajte crvenu rižu i crvenu curry papriku u tavu.
8. Dobro ih izmiješajte i nastavite kuhati petnaestak minuta.
9. Dodajte rižu u zdjelu.
10. Dodajte listove korijandera i garam masalu za ukrašavanje.
11. Vaše jelo je spremno za posluživanje.

68.Kokos goveđa riža zdjela

SASTOJCI:

- 1/2 funte goveđih komada
- 2 luka
- 2 žlice uljane repice
- 1 šalica kuhane riže
- 2 šalice vode
- 1 žličica đumbira
- 2 rajčice
- 4 češnja češnjaka
- Šest zelenih čilija
- Posolite po ukusu
- 1 žličica crvene curry paprike
- Crni papar po ukusu
- 1 žličica lišća korijandera
- 1/2 žličice garam masale
- 1 čajna žličica osušenog kokosovog praha
- 1 žličica sjemenki kumina

UPUTE:

1. Uzmite tavu i dodajte ulje u nju.
2. Zagrijte ulje i dodajte luk.
3. Pržite luk dok ne postane svijetlo smeđi.
4. Dodajte sjemenke kumina u tavu.
5. Dobro ih popržite i dodajte sol i papar te zeleni čili.
6. U to dodajte kurkumu, đumbir i češanj češnjaka.
7. Dodajte govedinu i crvenu curry papriku u tavu.
8. Dobro ih izmiješajte i nastavite kuhati petnaestak minuta.
9. Dodajte rižu i osušeni kokos u zdjelu.
10. Na vrh dodati pripremljenu smjesu.
11. Dodajte listove korijandera i garam masalu za ukrašavanje.
12. Vaše jelo je spremno za posluživanje.

69.Tandoori zdjela za piletinu

SASTOJCI:
- 1 šalica komadića piletine bez b1a
- 2 šalice riže
- 2 šalice vode
- 2 žlice crvenog čilija u prahu
- 1 žličica garam masala praha
- 1 žlica ulja za kuhanje
- 2 žlice tandoori masale
- Posolite po ukusu
- Crni papar po ukusu
- 2 žlice korijandera u prahu
- 1 žličica kumina u prahu
- 1 žličica protisnutog češnjaka

UPUTE:
1. Uzmite posudu za umak.
2. Dodajte vodu u tavu.
3. Dodajte rižu i dobro kuhajte desetak minuta.
4. Uzmite veliku tavu.
5. U tavu dodajte nasjeckani češnjak.
6. Dodajte začine u tavu.
7. Smjesu dobro kuhajte desetak minuta dok se ne zapeku.
8. Dodajte komade piletine u tavu.
9. Dobro kuhajte sastojke oko petnaest minuta.
10. Dodajte rižu u zdjelu.
11. Dodajte mješavinu tandoori piletine na vrh.
12. Vaše jelo je spremno za posluživanje.

70.Paner od kurkume i zdjela riže

SASTOJCI:
- 2 šalice nasjeckanog tofua
- 2 šalice riže
- 2 šalice vode
- 2 žlice kurkume u prahu
- 1 žličica garam masala praha
- 1 žlica ulja za kuhanje
- Posolite po ukusu
- Crni papar po ukusu
- 2 žlice svježeg začinskog bilja
- 1 žličica kumina u prahu
- 1 žličica protisnutog češnjaka

UPUTE:
1. Uzmite posudu za umak.
2. Dodajte vodu u tavu.
3. Dodajte rižu i dobro kuhajte desetak minuta.
4. Uzmite veliku tavu.
5. U tavu dodajte nasjeckani češnjak.
6. Dodajte začine u tavu.
7. Smjesu dobro kuhajte desetak minuta dok se ne zapeku.
8. Dodajte tofu i začinsko bilje u tavu.
9. Sastojke dobro kuhajte oko pet minuta.
10. Dodajte rižu u zdjelu.
11. Dodajte mješavinu tofua od kurkume na vrh.
12. Vaše jelo je spremno za posluživanje.

71. Zdjela za paneer curry

SASTOJCI:
- 1/2 funte komadića tofua
- 2 luka
- 2 žlice uljane repice
- 1 šalica kuhane riže
- 2 šalice vode
- 1 žličica đumbira
- 2 rajčice
- 4 češnja češnjaka
- Šest zelenih čilija
- Posolite po ukusu
- 1 žličica crvene curry paprike
- Crni papar po ukusu
- 1 žličica lišća korijandera
- 1/2 žličice garam masale
- 1 čajna žličica sjemenki crne gorušice
- 1 žličica sjemenki kumina

UPUTE:
1. Uzmite tavu i dodajte ulje u nju.
2. Zagrijte ulje i dodajte luk.
3. Pržite luk dok ne postane svijetlo smeđi.
4. Dodajte sjemenke kumina i sjemenke gorušice u tavu.
5. Dobro ih popržite i dodajte sol i papar te zeleni čili.
6. U to dodajte kurkumu, đumbir i češanj češnjaka.
7. Dodajte tofu i crvenu curry papriku u tavu.
8. Dobro ih izmiješajte i nastavite kuhati petnaestak minuta.
9. Dodajte rižu u zdjelu.
10. Na vrh dodati pripremljenu smjesu.
11. Dodajte listove korijandera i garam masalu za ukrašavanje.
12. Vaše jelo je spremno za posluživanje.

72. Chaat zdjela od slanutka

SASTOJCI:
- Šalica nasjeckanog luka
- 2 žlice mješavine chaat masale
- Šalica bijelog slanutka
- 1/2 šalice ajvara od mente
- 1 žlica zelenih čilija
- 1/2 šalice umaka od tamarinda
- 1/2 šalice papdija

UPUTE:
1. Skuhajte slanutak u velikoj posudi punoj vode.
2. Ocijedite ih nakon što se skuhaju.
3. Dodajte ga u zdjelu.
4. Dodajte ostale sastojke u zdjelu.
5. Jelo je spremno za posluživanje.

TAJLANDSKE ZDJELICE ZA RIŽU

73.Losos Buddha zdjela

SASTOJCI:
- 1 šalica riblje juhe
- 2 šalice komadića lososa
- 1 žličica nasjeckanog češnjaka
- 2 žlice biljnog ulja
- 1 žlica hoisin umaka
- 1 žlica sriracha umaka
- 1/2 šalice nasjeckanog celera
- 1 žličica rižinog vina
- 2 šalice kuhane riže
- 1 žličica svježeg đumbira
- 2 žlice svježeg začinskog bilja
- 1 žlica ribljeg umaka
- 1 žlica soja umaka
- 1/2 žličice pet tajlandskih začina

UPUTE:
1. Uzmite wok.
2. Dodajte hoisin umak, sriracha umak, nasjeckani češnjak, tajlandske začine i đumbir u wok.
3. Dodajte riblju juhu i umake u smjesu za wok.
4. Jelo kuhajte desetak minuta.
5. Dodajte komadiće lososa u smjesu.
6. Dobro izmiješajte losos i kuhajte ga pet minuta.
7. Sastojke dobro prokuhati i pomiješati sa ostalim sastojcima.
8. Smanjite toplinu štednjaka.
9. Kuhajte jelo još petnaestak minuta.
10. Dodajte kuhanu rižu u zdjelu.
11. Na vrh dodajte kuhanu smjesu.
12. Ukrasite svježim začinskim biljem.
13. Vaše jelo je spremno za posluživanje.

74.zdjela smeđe riže

SASTOJCI:
- 1 žlica rubljeg umaka
- 1 žlica soja umaka
- 1/2 žličice pet tajlandskih začina
- 1/4 šalice kikirikija
- 1 žličica nasjeckanog češnjaka
- 2 žlice biljnog ulja
- 1 žlica hoisin umaka
- 1 žlica sriracha umaka
- 1/2 šalice nasjeckanog celera
- 1 žličica rižinog vina
- 2 šalice kuhane smeđe riže
- 1 žličica svježeg đumbira
- 2 žlice svježeg začinskog bilja

UPUTE:
1. Uzmite wok.
2. Dodajte hoisin umak, sriracha umak, nasjeckani češnjak, tajlandske začine i đumbir u wok.
3. Dodajte umake u smjesu za wok.
4. Jelo kuhajte desetak minuta.
5. Dodajte smeđu rižu u smjesu.
6. Sastojke dobro prokuhati i pomiješati s ostalim sastojcima.
7. Smanjite toplinu štednjaka.
8. Kuhajte jelo još petnaestak minuta.
9. Dodajte kuhanu smeđu rižu u zdjelu.
10. Na vrh dodajte kikiriki.
11. Ukrasite svježim začinskim biljem.
12. Vaše jelo je spremno za posluživanje.

75.Zdjelice s kozicama od kikirikija

SASTOJCI:
- 1 žlica ribljeg umaka
- 1 žlica soja umaka
- 1/2 žličice pet tajlandskih začina
- 1/4 šalice kikirikija
- 1 šalica riblje juhe
- 2 šalice komada kozica
- 1 žličica nasjeckanog češnjaka
- 2 žlice biljnog ulja
- 1 žlica hoisin umaka
- 1 žlica sriracha umaka
- 1/2 šalice nasjeckanog celera
- 1 žličica rižinog vina
- 2 šalice kuhane riže
- 1 žličica svježeg đumbira
- 2 žlice svježeg začinskog bilja

UPUTE:
1. Uzmite wok.
2. Dodajte hoisin umak, sriracha umak, nasjeckani češnjak, tajlandske začine i đumbir u wok.
3. Dodajte riblju juhu i umake u smjesu za wok.
4. Jelo kuhajte desetak minuta.
5. U smjesu dodajte komadiće kozica i kikiriki.
6. Kozice dobro izmiješajte i kuhajte ih pet minuta.
7. Sastojke dobro prokuhati i pomiješati sa ostalim sastojcima.
8. Smanjite toplinu štednjaka.
9. Kuhajte jelo još petnaestak minuta.
10. Dodajte kuhanu rižu u zdjelu.
11. Na vrh dodajte kuhanu smjesu.
12. Ukrasite svježim začinskim biljem.
13. Vaše jelo je spremno za posluživanje.

76. Zdjela za govedinu s bosiljkom

SASTOJCI:
- 1 žlica hoisin umaka
- 1 žlica sriracha umaka
- 1/2 šalice nasjeckanog celera
- 1 žličica rižinog vina
- 2 šalice kuhane riže
- 1 žličica svježeg đumbira
- 2 žlice svježeg začinskog bilja
- 1 žlica ribljeg umaka
- 1 žlica soja umaka
- 1/2 žličice pet tajlandskih začina
- 1 šalica goveđih trakica
- 1 šalica goveđe juhe
- 2 šalice nasjeckanog bosiljka
- 1 žličica nasjeckanog češnjaka
- 2 žlice biljnog ulja

UPUTE:
1. Uzmite wok.
2. Dodajte hoisin umak, sriracha umak, nasjeckani češnjak, tajlandske začine i đumbir u wok.
3. Dodajte goveđu juhu i umake u smjesu za wok.
4. Jelo kuhajte desetak minuta.
5. Dodajte komade govedine i bosiljak u smjesu.
6. Junetinu dobro izmiješajte i kuhajte je petnaestak minuta.
7. Dodajte kuhanu rižu u zdjelu.
8. Dodajte kuhanu smjesu na vrh.
9. Ukrasite svježim začinskim biljem.
10. Vaše jelo je spremno za posluživanje.

77. zdjela od kokosa

SASTOJCI:
- 1 žlica hoisin umaka
- 1 žlica sriracha umaka
- 1/2 šalice nasjeckanog celera
- 1 žličica rižinog vina
- 2 šalice kuhane riže
- 1 žličica svježeg đumbira
- 2 žlice svježeg začinskog bilja
- 1 žlica ribljeg umaka
- 1 žlica soja umaka
- 1/2 žličice pet tajlandskih začina
- 1/4 šalice kokosovog praha
- 2 šalice vrhnja od kokosa
- 2 šalice pilećih komadića
- 2 šalice povrća za salatu
- 1 žličica nasjeckanog češnjaka
- 2 žlice biljnog ulja

UPUTE:
1. Uzmite wok.
2. Dodajte hoisin umak, sriracha umak, nasjeckani češnjak, tajlandske začine i đumbir u wok.
3. Dodajte umake u smjesu za wok.
4. Jelo kuhajte desetak minuta.
5. Dodajte komade piletine u smjesu.
6. Piletinu dobro izmiješajte i kuhajte je pet minuta.
7. Dodajte rižu u zdjelu.
8. Dodajte kuhanu smjesu na vrh.
9. Na vrh dodajte povrće za salatu i kokosovo vrhnje.
10. Ukrasite svježim začinskim biljem.
11. Vaše jelo je spremno za posluživanje.

78. Tuna Power Bowl

SASTOJCI:
- 1 žlica hoisin umaka
- 1 žlica sriracha umaka
- 1/2 šalice nasjeckanog celera
- 1 žličica rižinog vina
- 2 šalice kuhane crvene riže
- 1 žličica svježeg đumbira
- 2 žlice svježeg začinskog bilja
- 1 žlica ribljeg umaka
- 1 žlica soja umaka
- 1/2 žličice pet tajlandskih začina
- 1 šalica miješanog povrća
- 2 žlice vrhnja od kokosa
- 1 šalica riblje juhe
- 2 šalice komadića tune
- 1 žličica nasjeckanog češnjaka
- 2 žlice biljnog ulja

UPUTE:
1. Uzmite wok.
2. Dodajte hoisin umak, sriracha umak, nasjeckani češnjak, tajlandske začine i đumbir u wok.
3. Dodajte riblju juhu i umake u smjesu za wok.
4. Jelo kuhajte desetak minuta.
5. Dodajte komade tune u smjesu.
6. Tunu dobro izmiješajte i kuhajte je pet minuta.
7. Sastojke dobro prokuhati i pomiješati s ostalim sastojcima.
8. Smanjite toplinu štednjaka.
9. Kuhajte jelo još petnaestak minuta.
10. Dodajte vrhnje od kokosa i dobro promiješajte.
11. Dodajte rižu u zdjelu.
12. Na vrh dodajte kuhanu smjesu.
13. Ukrasite svježim začinskim biljem.
14. Vaše jelo je spremno za posluživanje.

79.Zdjela za rezance s mangom

SASTOJCI:
- 1 žlica hoisin umaka
- 1 žlica soja umaka
- 1/2 šalice nasjeckanog celera
- 1/2 šalice narezanog mladog luka
- 1 žličica rižinog vina
- 1 žličica svježeg đumbira
- 1 žlica ribljeg umaka
- 1 žlica soja umaka
- 1/2 žličice tajlandske mješavine začina
- 2 žlice nasjeckanog crvenog čilija
- 1/2 šalice izdanaka bambusa
- 1/2 šalice svježeg lišća cilantra
- 1/4 šalice svježeg lišća bosiljka
- 2 šalice komadića manga
- 1/2 šalice nasjeckanih listova bosiljka
- 1 žličica nasjeckanog češnjaka
- 2 žlice biljnog ulja
- Rižini rezanci

UPUTE:
1. Uzmite wok.
2. U wok dodajte ulje, hoisin umak, soja umak, nasjeckani češnjak, tajlandski začin, nasjeckani crveni čili, listiće bosiljka i đumbir.
3. Dodajte umake u smjesu za wok.
4. Jelo kuhajte desetak minuta.
5. Dodajte komadiće manga u smjesu.
6. Dobro izmiješajte mango i kuhajte ga pet minuta.
7. U tavu dodajte nasjeckane listove bosiljka i vodu.
8. Skuhajte rižine rezance u loncu punom kipuće vode.
9. Rižine rezance ocijedite i dodajte u wok.
10. Kuhajte jelo još petnaestak minuta.
11. Podijelite ga u 4 posude.
12. Dodajte cilantro u jelo.
13. Vaše jelo je spremno za posluživanje.

80.Zdjela s rezancima od kikirikija i tikvica

SASTOJCI:

- 2 žličice rižinog vina
- 1 šalica kuhane riže
- 2 žličice crvene curry paste
- 1/2 žličice kurkume u prahu
- Crni papar po ukusu
- Posolite po ukusu
- 1 žlica nasjeckanog đumbira
- 1 žlica nasjeckanog češnjaka
- 1/2 šalice sitno nasjeckanog mladog luka
- 2 žlice ulja za kuhanje
- 4 žličice tamnog soja umaka
- 2 šalice komadića tikvica
- 1 šalica umaka od kikirikija

UPUTE:

1. Uzmite veliku tavu.
2. Zagrijte ulje u tavi.
3. Dodajte nasjeckani đumbir i češnjak u tavu.
4. Dodajte tikvice, rižino vino i uz miješanje pržite dok ne promijeni boju.
5. Smjesu dobro kuhajte desetak minuta dok se ne zapeku.
6. U tavu dodajte umak od kikirikija, šećer u prahu, bijeli papar, kurkumu u prahu, crveni curry pastu, tamni soja umak, crni papar i sol.
7. U smjesu dodajte ostale sastojke.
8. Dobro kuhajte sastojke oko petnaest minuta.
9. Dodajte rižu u 2 zdjelice.
10. Dodajte crveni curry na vrh.
11. Ukrasite nasjeckanim mladim lukom.
12. Vaše jelo je spremno za posluživanje.

81. Začinjena zdjela za škampe

SASTOJCI:
- 1 žlica ribljeg umaka
- 1 žlica soja umaka
- 1/2 žličice pet tajlandskih začina
- 1 šalica škampa
- 2 žlice tajlandskog zelenog čilija
- 1 žličica nasjeckanog češnjaka
- 2 žlice biljnog ulja
- 1 žlica hoisin umaka
- 1 žlica sriracha umaka
- 1/2 šalice nasjeckanog celera
- 1 žličica rižinog vina
- 2 šalice kuhane smeđe riže
- 1 žličica svježeg đumbira
- 2 žlice svježeg začinskog bilja

UPUTE:
1. Uzmite wok.
2. Dodajte hoisin umak, sriracha umak, tajlandski zeleni čili, nasjeckani češnjak, tajlandski začin i đumbir u wok.
3. Dodajte umake i škampe u smjesu za wok.
4. Jelo kuhajte desetak minuta.
5. Dodajte smeđu rižu u smjesu.
6. Kuhajte jelo još petnaestak minuta.
7. Dodajte kuhanu smeđu rižu u zdjelu.
8. Ukrasite svježim začinskim biljem.
9. Vaše jelo je spremno za posluživanje.

82.Zdjela riže s curryjem

SASTOJCI:
- 2 žličice rižinog vina
- 1 šalica kuhane riže
- 2 žličice crvene curry paste
- 1/2 žličice kurkume u prahu
- Crni papar po ukusu
- Posolite po ukusu
- 1 žlica nasjeckanog đumbira
- 1 žlica nasjeckanog češnjaka
- 1/2 šalice sitno nasjeckanog mladog luka
- 2 žlice maslinovog ulja
- 4 žličice tamnog soja umaka
- 1 šalica kokosovog mlijeka

UPUTE:
1. Uzmite veliku tavu.
2. Zagrijte ulje u tavi.
3. Dodajte nasjeckani đumbir i češnjak u tavu.
4. Dodajte rižino vino i miješajući ga pržite dok ne promijeni boju.
5. Smjesu dobro kuhajte desetak minuta dok se ne zapeku.
6. Dodajte kokosovo mlijeko, šećer u prahu, bijeli papar, kurkumu u prahu, crveni curry pastu, tamni sojin umak, crni papar i sol u tavu.
7. U smjesu dodajte ostale sastojke.
8. Dobro kuhajte sastojke oko petnaest minuta.
9. Dodajte rižu u 2 zdjelice.
10. Dodajte crveni curry na vrh.
11. Ukrasite nasjeckanim mladim lukom.
12. Vaše jelo je spremno za posluživanje.

83. Zdjela za svinjsku rižu

SASTOJCI:
- 1 žlica ribljeg umaka
- 1 žlica soja umaka
- 1/2 žličice pet tajlandskih začina
- 1 šalica svinjskog mesa
- 1 žličica nasjeckanog češnjaka
- 2 žlice biljnog ulja
- 1 žlica hoisin umaka
- 1 žlica sriracha umaka
- 1/2 šalice nasjeckanog celera
- 1 žličica rižinog vina
- 2 šalice kuhane smeđe riže
- 1 žličica svježeg đumbira
- 2 žlice svježeg začinskog bilja

UPUTE:
1. Uzmite wok.
2. Dodajte hoisin umak, sriracha umak, nasjeckani češnjak, tajlandske začine i đumbir u wok.
3. Dodajte umake i svinjetinu u smjesu za wok.
4. Jelo kuhajte desetak minuta.
5. Dodajte smeđu rižu u smjesu.
6. Sastojke dobro prokuhati i pomiješati s ostalim sastojcima.
7. Kuhajte jelo još petnaestak minuta.
8. Dodajte kuhanu smeđu rižu u zdjelu.
9. Ukrasite svježim začinskim biljem.
10. Vaše jelo je spremno za posluživanje.

84. Buddha zdjela od slatkog krumpira

SASTOJCI:
- 2 šalice komadića slatkog krumpira
- 1 žličica nasjeckanog češnjaka
- 2 žlice biljnog ulja
- 1 žlica hoisin umaka
- 1 žlica sriracha umaka
- 1/2 šalice nasjeckanog celera
- 1 žličica rižinog vina
- 2 šalice kuhane riže
- 1 žličica svježeg đumbira
- 2 žlice svježeg začinskog bilja
- 1 žlica rebljeg umaka
- 1 žlica soja umaka
- 1/2 žličice pet tajlandskih začina

UPUTE:
1. Uzmite wok.
2. Dodajte hoisin umak, sriracha umak, nasjeckani češnjak, tajlandske začine i đumbir u wok.
3. Dodajte umake u smjesu za wok.
4. Jelo kuhajte desetak minuta.
5. Dodajte komadiće batata u smjesu.
6. Batat dobro izmiješajte i kuhajte petnaestak minuta.
7. Dodajte kuhanu rižu u zdjelu.
8. Dodajte kuhanu smjesu na vrh.
9. Ukrasite svježim začinskim biljem.
10. Vaše jelo je spremno za posluživanje.

85.zdjela s piletinom

SASTOJCI:
- 1 žlica hoisin umaka
- 1 žlica sriracha umaka
- 1/2 šalice nasjeckanog celera
- 1 žličica rižinog vina
- 2 šalice kuhane riže
- 1 žličica svježeg đumbira
- 2 žlice svježeg začinskog bilja
- 1 žlica ribljeg umaka
- 1 žlica soja umaka
- 1/2 žličice pet tajlandskih začina
- 1 šalica satay umaka
- 2 šalice komada piletine
- 1 žličica nasjeckanog češnjaka
- 2 žlice biljnog ulja

UPUTE:
1. Uzmite wok.
2. Dodajte hoisin umak, sriracha umak, nasjeckani češnjak, tajlandske začine i đumbir u wok.
3. Dodajte satay umak i druge umake u wok smjesu.
4. Jelo kuhajte desetak minuta.
5. Dodajte komade piletine u smjesu.
6. Piletinu dobro izmiješajte i kuhajte je petnaestak minuta.
7. Dodajte kuhanu rižu u zdjelu.
8. Dodajte kuhanu smjesu na vrh.
9. Ukrasite svježim začinskim biljem.
10. Vaše jelo je spremno za posluživanje.

86. Piletina i kukuruz Stir-Fry

SASTOJCI:
- 3 žlice umak od kamenica
- 1 žlica unseas1d rižin ocat
- 1 žličica prženo sezamovo ulje
- 4 pileća batka bez kože i b1 (oko 1 lb.), izrezana na komade od 1"
- Košer soli
- 2 žlice kukuruzni škrob
- 4 žlice blljno ulje, podijeljeno
- ½ manjeg crvenog luka, narezanog na ploške
- 4 češnja češnjaka, narezana na ploške
- 1" komad đumbira, oguljen, sitno nasjeckan
- ½ žličice (ili više) alepskog papra ili drugih blagih čili pahuljica
- 3 klasja kukuruza, zrna izrezana iz klipova
- Pirjana riža i listovi cilantra s nježnim stabljikama (za posluživanje)

UPUTE:
a) Pomiješajte umak od kamenica, ocat, sezamovo ulje i 2 žlice. vode u maloj posudi. Staviti na stranu.
b) Stavite piletinu u zdjelu srednje veličine. Posolite i pospite kukuruznim škrobom; lagano baciti na kaput. Zagrijte 2 žlice. biljnog ulja u velikom dobro namakanom woku ili neljepljivoj tavi na srednje visokoj temperaturi. Kuhajte piletinu, povremeno miješajući, dok ne porumeni i bude gotovo kuhana, 6-8 minuta. Dodajte crveni luk, češnjak, đumbir, alepsku papriku i preostale 2 žlice. ulje. Kuhajte, miješajući, dok povrće ne omekša, oko 2 minute. Dodajte kukuruz i kuhajte, često miješajući, dok ne omekša, oko 3 minute.
c) Umiješajte rezerviranu mješavinu umaka od kamenica i kuhajte, često miješajući, dok se ne smanji gotovo do glazure, oko 2 minute. Probajte i po potrebi posolite.
d) Poslužite prženje s rižom, preliveno cilantrom.

ZDJELICE ZA SUSHI

87. Dekonstruirana kalifornijska zdjela za sushi

SASTOJCI:
- 1 šalica riže za sushi, kuhane
- 1/2 šalice imitacije raka ili pravog raka, nasjeckanog
- 1/2 avokada, narezanog
- 1/4 krastavca, julienned
- Sezamove sjemenke za ukras
- Nori trakice za preljev
- Soja umak i ukiseljeni đumbir za posluživanje

UPUTE:
1. Kuhanu rižu za sushi rasporedite u zdjelu.
2. Rasporedite narezane rakove, kriške avokada i juliened krastavac na vrh.
3. Pospite sezamom za ukras.
4. Na vrh stavite nori trake.
5. Poslužite sa soja umakom i ukiseljenim đumbirom sa strane.
6. Uživajte u dekonstruiranoj kalifornijskoj zdjeli za sushi!

88.Dekonstruirana zdjela za sushi od začinjene tune

SASTOJCI:
- 1 šalica riže za sushi, kuhane
- 1/2 šalice začinjene tune, nasjeckane
- 1/4 šalice edamame graha, kuhanog na pari
- 1/4 šalice rotkvica, tanko narezanih
- Sriracha majoneza za prelijevanje
- Kriške avokada za ukras
- Sezamove sjemenke za preljev

UPUTE:
1. Kuhanu rižu za sushi rasporedite u zdjelu.
2. Na vrh stavite nasjeckanu začinjenu tunu, edamame grah kuhan na pari i narezane rotkvice.
3. Pospite Sriracha majonezu preko zdjele.
4. Ukrasite ploškama avokada i pospite sezamom.
5. Uživajte u dekonstruiranoj zdjeli za sushi od začinjene tune!

89. Dekonstruirana zdjela za sushi Dragon Roll

SASTOJCI:
- 1 šalica riže za sushi, kuhane
- 1/2 šalice jegulje, pečene na žaru i narezane na ploške
- 1/4 šalice avokada, narezanog na ploške
- 1/4 šalice krastavca, julienned
- Umak od jegulje za prelijevanje
- Tobiko (riblja ikra) za preljev
- Ukiseljeni đumbir za posluživanje

UPUTE:
1. Kuhanu rižu za sushi rasporedite u zdjelu.
2. Na vrh posložite ploške pečene jegulje, avokado i juliened krastavac.
3. Prelijte zdjelu umakom od jegulja.
4. Vrh s tobikom.
5. Poslužite s ukiseljenim đumbirom sa strane.
6. Uživajte u dekonstruiranoj zdjeli za sushi Dragon roll!

90. Dekonstruirana zdjela za sushi od začinjenog lososa

SASTOJCI:
- 1 šalica riže za sushi, kuhane
- 1/2 šalice začinjenog lososa, narezanog na kockice
- 1/4 šalice manga, narezanog na kockice
- 1/4 šalice krastavca, narezanog na kockice
- Začinjeni majonez za prelijevanje
- Zeleni luk za ukras
- Sezamove sjemenke za preljev

UPUTE:
1. Kuhanu rižu za sushi rasporedite u zdjelu.
2. Na to stavite pikantni losos narezan na kockice, mango narezan na kockice i krastavac narezan na kockice.
3. Prelijte začinjenu majonezu preko zdjele.
4. Ukrasite nasjeckanim zelenim lukom i pospite sjemenkama sezama.
5. Uživajte u dekonstruiranoj posudi za sushi od začinjenog lososa!

91. Dekonstruirana Rainbow Roll zdjela za sushi

SASTOJCI:
- 1 šalica riže za sushi, kuhane
- 1/2 šalice rakova ili imitacije rakova, nasjeckanih
- 1/4 šalice avokada, narezanog na ploške
- 1/4 šalice krastavca, julienned
- 1/4 šalice mrkve, juliened
- 1/4 šalice manga, narezanog na kriške
- Nori trakice za preljev
- Soja umak i ukiseljeni đumbir za posluživanje

UPUTE:
1. Kuhanu rižu za sushi rasporedite u zdjelu.
2. Rasporedite narezane rakove, kriške avokada, juliened krastavac, mrkvu i mango na vrh.
3. Na vrh stavite nori trake.
4. Poslužite sa soja umakom i ukiseljenim đumbirom sa strane.
5. Uživajte u šarenoj i dekonstruiranoj zdjeli za sushi Rainbow Roll!

92. Dekonstruirana tempura zdjela za sushi od škampi

SASTOJCI:
- 1 šalica riže za sushi, kuhane
- 1/2 šalice tempure od kozica, narezanih na kriške
- 1/4 šalice avokada, narezanog na ploške
- 1/4 šalice krastavca, julienned
- 1/4 šalice rotkvica, tanko narezanih
- Tempura umak za prelijevanje
- Sezamove sjemenke za ukras

UPUTE:
1. Kuhanu rižu za sushi rasporedite u zdjelu.
2. Na vrh stavite narezanu tempuru od kozica, avokado, juliened krastavac i narezane rotkvice.
3. Pokapajte tempura umak preko zdjele.
4. Pospite sezamom za ukras.
5. Uživajte u dekonstruiranoj zdjeli za sushi tempura od škampa!

93.zdjela za sushi od tunjevine i rotkvica

SASTOJCI:
- 1 lb tunjevine za sushi, narezane na kockice
- 2 žlice gochujanga (pasta od korejske crvene paprike)
- 1 žlica soja umaka
- 1 žlica sezamovog ulja
- 1 žličica rižinog octa
- 1 šalica daikon rotkvice, julienned
- 1 šalica graška, narezanog na ploške
- 2 šalice tradicionalne sushi riže, kuhane
- Zeleni luk za ukras

UPUTE:
1. Pomiješajte gochujang, sojin umak, sezamovo ulje i rižin ocat da napravite pikantni umak.
2. U pikantni umak ubacite tunjevinu narezanu na kockice i ostavite u hladnjaku 30 minuta.
3. Sastavite zdjelice s tradicionalnom sushi rižom kao podlogom.
4. Povrh stavite mariniranu tunu, juliened daikon rotkvicu i narezani grašak.
5. Ukrasite nasjeckanim zelenim lukom i poslužite.

94. Zdjela za sushi od dimljenog lososa i šparoga

SASTOJCI:
- 1 lb dimljenog lososa, u listićima
- 1/4 šalice soja umaka
- 2 žlice mirina
- 1 žlica ukiseljenog đumbira, mljevenog
- 1 vezica blanširanih i narezanih šparoga
- 1 šalica cherry rajčica, prepolovljenih
- 2 šalice tradicionalne sushi riže, kuhane
- Kriške limuna za ukras

UPUTE:
1. Pomiješajte sojin umak, mirin i mljeveni ukiseljeni đumbir za marinadu.
2. Ubacite dimljeni losos u marinadu i ostavite u hladnjaku 15-20 minuta.
3. Napravite zdjelice s kuhanom tradicionalnom sushi rižom kao bazom.
4. Povrh stavite marinirani dimljeni losos, narezane šparoge i cherry rajčice.
5. Ukrasite kriškama limuna i poslužite.

95. Dekonstruirana Philly Roll zdjela za sushi

SASTOJCI:
- 1 šalica riže za sushi, kuhane
- 1/2 šalice dimljenog lososa, narezanog na kriške
- 1/4 šalice krem sira, omekšalog
- 1/4 šalice krastavca, julienned
- 1/4 šalice crvenog luka, tanko narezanog
- Sve bagel začin za preljev
- Kapari za ukras

UPUTE:
1. Kuhanu rižu za sushi rasporedite u zdjelu.
2. Po vrhu rasporedite narezani dimljeni losos, omekšali krem sir, juliened krastavac i sitno narezani crveni luk.
3. Pospite sve bagel začinima za preljev.
4. Ukrasite kaparima.
5. Uživajte u dekonstruiranoj zdjeli za sushi Philly Roll!

96.Dekonstruirana Dynamite Roll zdjela za sushi

SASTOJCI:
- 1 šalica riže za sushi, kuhane
- 1/2 šalice škampi, prženih u tempuri ili kuhanih
- 1/4 šalice začinjene majoneze
- 1/4 šalice avokada, narezanog na kockice
- 1/4 šalice krastavca, narezanog na kockice
- Tobiko (riblja ikra) za preljev
- Zeleni luk za ukras

UPUTE:
1. Kuhanu rižu za sushi rasporedite u zdjelu.
2. Na vrh stavite škampe pržene ili kuhane u tempuri.
3. Prelijte začinjenu majonezu preko zdjele.
4. Dodajte avokado narezan na kockice i krastavac.
5. Vrh s tobikom.
6. Ukrasite nasjeckanim zelenim lukom.
7. Uživajte u dekonstruiranoj zdjeli za sushi Dynamite Roll!

97. Dekonstruirana posuda za sushi od vege rolica

SASTOJCI:
- 1 šalica riže za sushi, kuhane
- 1/2 šalice tofua, narezanog na kockice i popreženog u tavi
- 1/4 šalice avokada, narezanog na ploške
- 1/4 šalice krastavca, julienned
- 1/4 šalice mrkve, juliened
- 1/4 šalice crvene paprike, tanko narezane
- Dresing od soja umaka i sezamovog ulja
- Sezamove sjemenke za ukras

UPUTE:
a) Kuhanu rižu za sushi rasporedite u zdjelu.
b) Na vrh stavite tofu pržen u tavi, kriške avokada, juliened krastavac, mrkvu i narezanu crvenu papriku.
c) Prelijte mješavinom soja umaka i sezamovog ulja za preljev.
d) Pospite sezamom za ukras.
e) Uživajte u dekonstruiranoj zdjeli za sushi Veggie Roll, osvježavajućoj biljnoj opciji!

98.Chirashi od dimljene skuše

SASTOJCI:

- ½ krastavca
- ¼ žličice fine soli
- 200 g (7 oz) dimljenih fileta skuše, bez kože
- 40 g (1½ oz) ukiseljenog đumbira, sitno nasjeckanog
- 1 mladi luk (kapula), sitno narezan
- 2 žličice sitno nasjeckanog kopra
- 2 žlice prženog bijelog sezama
- 800 g (5 šalica) morske riže za sushi
- 1 list norija, natrgan na komade
- tamni soja umak, za posluživanje

UPUTE:

a) Krastavac narežite što tanje i pospite solju. Lagano trljajte krastavac i ostavite 10 minuta. To će pomoći ukloniti višak vode iz krastavca kako bi ostao hrskav.
b) Rukom ocijedite višak vode iz krastavca.
c) Dimljenu skušu izlomite na male komadiće.
d) U rižu dodajte krastavac, dimljenu skušu, ukiseljeni đumbir, mladi luk, kopar i bijeli sezam. Dobro sjediniti da se sastojci ravnomjerno rasporede.
e) Poslužite u pojedinačne zdjelice ili 1 veliku zdjelu za dijeljenje. Pospite nori i prelijte tamnim soja umakom po ukusu.

99.Oyakodo (losos i ikra lososa)

SASTOJCI:
- 400 g (2½ šalice) morske riže za sushi

PRELJEVI
- 400 g (14 oz) lososa kvalitete sashimija
- 200 g (7 oz) marinirane ikre lososa
- 4 baby shiso lista
- kriške limete ili limuna

SERVIRATI
- ukiseljeni đumbir
- wasabi pasta
- umak od soje
- trake nori (po želji)

UPUTE:

a) Losos narežite na tanke ploške. Svakako zarežite poprečno kako bi riba bila mekana.

b) Rižu za sushi stavite u 4 pojedinačne zdjele i poravnajte površinu riže. Na vrh stavite sashimi losos i ikru lososa. Ukrasite lišćem baby shisoa i kriškama limete ili limuna.

c) Poslužite s ukiseljenim đumbirom kao sredstvom za čišćenje nepca, te wasabijem i soja umakom po ukusu. Po želji pospite nori trakicama za više okusa.

100.Začinjena zdjela za sushi od jastoga

SASTOJCI:
- 1½ šalice (300 g) pripremljene tradicionalne sushi riže
- 1 žličica sitno naribanog svježeg korijena đumbira
- 1 8 oz (250 g) repa jastoga kuhanog na pari, uklonjenog oklopa i narezanog na medaljone
- 1 kivi, oguljen i narezan na tanke ploške
- 2 žličice mljevenog mladog luka (mladi luk), samo zeleni dijelovi
- Šaka spiralno izrezane daikon rotkvice
- 2 grančice svježeg korijandera (trakice cilantra)
- 2 žlice Dragon Juice ili više po ukusu

UPUTE:
a) Pripremite sushi rižu i Dragon Juice.
b) Namočite vrhove prstiju prije nego što rižu za sushi podijelite u 2 male zdjelice za posluživanje. Lagano poravnajte površinu riže u svakoj posudi. Žlicom rasporedite ½ žličice naribanog svježeg korijena đumbira po riži u svakoj posudi.
c) Podijelite medaljone jastoga i kivi na 1/2. Naizmjenično stavite 1 1/2 kriški jastoga s 1 1/2 kriški kivija preko riže u 1 zdjeli, ostavljajući mali prostor nepokriven. Ponovite uzorak u drugoj zdjeli. Stavite 1 čajnu žličicu mljevenog mladog luka u prednji dio svake posude. Podijelite spiralno izrezanu daikon rotkvicu između 2 zdjelice, ispunjavajući prazan prostor.
d) Za posluživanje stavite 1 grančicu svježeg korijandera ispred daikon rotkvice u svaku zdjelu. Žlicom stavite 1 žlicu Dragon Juicea na jastoga i kivi u svaku zdjelu.

ZAKLJUČAK

Kad dođete do završnih stranica "Put oko svijeta u 100 zdjelica riže", nadamo se da ste uživali u kulinarskom putovanju koje vas je odvelo na daleka odredišta i uvelo u svijet okusa i tradicije. Od začinjenih ulica Bangkoka do aromatičnih kuhinja Indije, svaka zdjela riže ponudila je okus bogate tapiserije svjetske kuhinje.

Ali naše putovanje ne završava ovdje. Dok se vraćate kući sa svoje kulinarske avanture, potičemo vas da nastavite istraživati raznoliki svijet zdjela za rižu, eksperimentirajući s novim sastojcima, okusima i tehnikama. Bilo da stvarate svoja omiljena jela iz knjige ili smišljate vlastite kulinarske kreacije, neka vam mašta bude vodič dok se upuštate u nove gastronomske avanture.

Hvala vam što ste nam se pridružili na ovom ukusnom putovanju oko svijeta. Neka sjećanja na jela u kojima ste uživali ostanu u vašim okusnim pupoljcima, a duh kulinarskog istraživanja neka vas i dalje nadahnjuje u vašim kuhinjskim pothvatima. Do ponovnog susreta, sretno kuhanje i bon appétit!

www.ingramcontent.com/pod-product-compliance
Lightning Source LLC
Chambersburg PA
CBHW071909110526
44591CB00011B/1607